Wohngärten

Helmut Jantra

Wohngärten

Gestaltungsideen für Grünflächen, Terassen und Höfe

4

Inhalt

Wohnen im Grünen _____ 6
Der Wohngarten – ein neuer Gartentyp? _____ 8
Die Gestaltung ist frei _____ 9

Zimmer im Freien _____ 10
Einblick unerwünscht _____ 12
Ein Garten – viele Räume _____ 16
Leben im Naturgarten _____ 20

Mittler zwischen Haus und Garten _____ 22
Im Blickpunkt: die Terrasse _____ 24
Anheimelnd: der Wintergarten _____ 30
Intim: der Innenhof _____ 32

Grüne und farbenfrohe Teppiche _____ 36
Der Vielzweckrasen _____ 38
Oder lieber eine Wiese? _____ 40

Das hölzerne Gerüst _____ 44
Laubgehölze: saisonale Höhepunkte _____ 46
Nadelgehölze: immergrün und vielseitig _____ 49

Der Drang nach oben _____ 50
Grünende, blühende Pergola _____ 52
Rankgerüste und Rankbögen _____ 53
Mauerdurchgänge _____ 55
Grünes Kleid für Haus und Zäune _____ 56

Buntes Band aus Blumen _____ 58
Ein- und Zweijahrsblumen _____ 60
Frühe Zwiebel- und Knollenblumen _____ 64
Stauden gehören dazu _____ 65

**Wohnliche Ausstattung
und Einrichtung** _____ 70
Lauben und Pavillons _____ 72
Sitzplätze für jede Gelegenheit _____ 74
Licht im Garten _____ 78
Wege zum Ziel _____ 80
Gartendekorationen als Blickpunkte _____ 82

Der Garten im Garten _____ 84
Der Bauerngarten _____ 86
Der Steingarten _____ 88
Der Kübelgarten _____ 90

Besondere Gartenerlebnisse _____ 92
Erlebnisse mit Düften _____ 94
Träume am Teich _____ 96
Bezaubernde Schattenpartien _____ 101
Früchte, die in den Mund wachsen _____ 105

Ein Platz für Kinder _____ 108
Kindgerechte Gartenanlage _____ 110
Einfache Spielgelegenheiten _____ 112
Spielkomfort und Gestaltung _____ 113
Das erste Beet _____ 114
Der Garten als Lehrmeister _____ 115

Register _____ 116

Vorwort

Der Wohngarten ist, um eines der unsäglichen modernen Schlagworte zu gebrauchen, »multifunktional«. Auf gut deutsch: Es handelt sich um einen Gartentyp, bei dem es neben dem Pflanzen und Pflegen auch ganz bewußt um Genießen und Entspannen geht, der darüber hinaus darauf ausgerichtet ist, in ihm einen Teil der Freizeit mit Spielen, Hobby und Geselligkeit zu verbringen. Er soll in vielen Fällen zudem Kindern Gelegenheit bieten, sich auszutoben, sich vielleicht auch zum Schmökern und Basteln in eine stille Ecke zurückzuziehen – ein umschlossener Raum für die ganze Familie also.

Ein solcher Garten unterscheidet sich von der reinen »Schauanlage« mit kurzgeschnittenem Golfrasen, Prachtstauden, Edelrosen und anderen, vor allem auf optische Wirkung getrimmten Elementen durch seine Vielgestaltigkeit und Vielseitigkeit, die genügend Raum für spezielle Liebhabereien und Engagements der Besitzer und Benutzer lassen. Letztlich ist es dann eine Frage der Einteilung und Ökonomie, um all das, was einem Spaß macht, was man für wichtig hält, im Lebensbereich rund ums Haus unterzubringen: ein Stückchen Bauerngarten möglicherweise, einen Teich, Blumenbeete, Rankgerüste, Hecken als Abgrenzung, einen Pavillon und den beschaulichen Sitzplatz im Freien, umgeben von Blütensträuchern – es gibt unendlich viele Möglichkeiten, nach eigenem Gusto im selbstgestalteten Garten glücklich zu sein.

Und darum geht's in diesem Buch: Glück im Garten. Sie finden deshalb auch Anregungen und Anmerkungen, die bisweilen über die vorgeschriebenen Muster der Gestaltung hinausgehen, hier und da bewußt außer acht lassen, was manchem Fachmann als unantastbar gilt. Ein engagierter Naturfreund beispielsweise wird mit seinem grünen Refugium anders umgehen als ein Familienvater, der Wert auf Entfaltungs- und Spielmöglichkeiten für seine Sprößlinge legt, und wer Gefallen an exotischen Kübelpflanzen gefunden hat, bei dem werden eben Engelstrompeten und Bleiwurz, Oleander und Zierbananen das Bild bestimmen. Doch Vielfalt schließt Harmonie ja nicht aus, soll nicht dazu verleiten, zusammenzufügen, was nicht zusammenpaßt. So kommen auch bestimmte Kriterien der Gartengestaltung überall wieder ins Spiel, grundlegende Regeln, die nicht buchstabengetreu befolgt, aber in Variationen doch berücksichtigt werden müssen. Flexibilität im Formalen und Toleranz gegenüber dem Nachbarn, der alles ganz anders macht, sind angesagt. Ich kenne zum Beispiel kein Buch, das dem Gartenzwerg Respekt bezeugt. In diesem kommt er vor, weil der Wicht in vielen, sehr vielen Gärten seinen festen Platz gefunden hat. Dort steht er nun vor Rosen und Reseden, zur Freude des Besitzers – spottet da jemand?

Neuried-Altenheim/Baden   Helmut Jantra

Wohnen im Grünen

Schöner wohnen im Garten, mehr Freude am grünen Wohnzimmer, attraktive Aufenthaltsräume im Freien – solchen Formulierungen begegnet man in Gartenzeitschriften und Katalogen von Gartenzubehörlieferanten immer häufiger. Hersteller bieten eine ständig größer werdende Palette von Gartenmöbeln, Pavillons und ähnlichem Inventar an, die entsprechende Ecke mit Stühlen, Liegen und Leuchten hat in vielen Gartencentern ihren festen Platz. Offensichtlich ist der »Wohngarten« dabei, sich als eigener und bevorzugter Gartentyp zu etablieren.

Ein Versuch, diesen noch nicht allzu fest umrissenen Begriff einzugrenzen, wurde bereits im Vorwort unternommen. Diese Definition zur Grundlage für die Gartengestaltung ganz nach den eigenen Bedürfnissen zu machen – darum geht es in diesem Kapitel.

Der Wohngarten – ein neuer Gartentyp?

Früher unterschied man grob zwischen Ziergarten und Nutzgarten. Die Begriffe sind nicht eine Erfindung unserer Zeit, sondern definierten schon immer zwei große Bereiche des häuslichen Grüns, wobei man auch noch Gemüse- und Obstgarten trennte. Ausschließlich Baumobst beherbergende Gartenteile findet man heute jedoch kaum noch, für solche zwangsläufig weiträumigen Anlagen fehlt in den dichtbesiedelten Wohngebieten der Platz, außerdem stellt die vom Zukauf unabhängige Selbstversorgung keine Notwendigkeit mehr dar. Natürlich gibt es auch hier Ausnahmen, und wer die Möglichkeit hat, seine Ernährung rund ums Jahr weitgehend selbst zu organisieren und die Bedürfnisse voll und ganz aus eigenem Anbau zu bestreiten, lebt wahrscheinlich im Einklang mit sich und der Natur. Für die meisten wird dies jedoch nicht machbar sein und wohl auch gar nicht wünschenswert.

Ein Schritt in Richtung Wohlbefinden ist der Wohngarten, der eben nicht wie der pure Ziergarten dem Anschauen und der Repräsentation dient, sondern als »grünes Zimmer« genutzt wird, ein Garten, in dem sich vom Frühjahr bis in den Herbst hinein ein Teil des häuslichen Lebens abspielt: Erholung, Freizeitbeschäftigung, Hobby – Gartenpflege inbegriffen. Wahrscheinlich wird die soziale und gesellschaftliche Funktion eines solchen Refugiums immer noch unterschätzt, obwohl vom Lob des Gartens überall zu hören und zu lesen ist.

Die Anforderungen des Alltags, die Umwelt und die Lebensumstände geben uns nur wenig Anlaß, aufgestauten Ärger oder gar Aggressionen abzubauen, heitere Gelassenheit auch in widrigen Situationen zu bewahren. Die Hinwendung zum Nostalgischen kommt nicht von ungefähr, dokumentiert aber letztlich nur die Resignation am Hier und Heute. Der Garten also als Regulativ, als Partner beim Training zur Selbstfindung und grüner Muntermacher?

Ein bißchen ist er das wohl auch; vor allem aber bringt er uns die abhanden gekommene Natur ans Haus, besonders der gerade skizzierte Wohngarten, der durchaus einen Zierwert haben kann und soll, aber eben nicht nur auf Schönheit getrimmt ist. Es stimmt optimistisch, daß gerade am Beispiel Garten ein deutlich zunehmendes Umweltbewußtsein zu konstatieren ist, daß man von der Monotonie des »Nur-Rasens«, der streng ausgerichteten Prachtstaudenrabatten, des Übermaßes an Nadelgehölzen abkommt und statt dessen aus gutem Grund bunt gemischte Vielfalt anstrebt.

Wer diesen Schritt einmal getan hat, merkt sehr bald, wie sich der bis dahin vielleicht etwas sterile grüne Raum mit Leben zu füllen beginnt, das aus geheimnisvollen Nischen den Weg in Hausnähe findet. Insekten, Kleintiere, Vögel vor allem, machen sich mit einem Mal breit, als hätten sie nur auf den Moment gewartet, da ihnen der »neue« Garten wieder Lebens- und Unterschlupfmöglichkeiten bietet.

Für Hobbygärtner mit Kindern hat dieser Einzug des Lebendigen einen »Nebeneffekt« von unschätzbarem Wert: Nachdenkliche Eltern sind sich bewußt, was für ein Kapital sie damit für die Erziehung und Entwicklung ihrer Kinder an die Hand bekommen, wie wichtig die hautnahe Beobachtung der Natur gerade heute ist; das Wissen um die Zusammenhänge, um das Wechselspiel des Lebendigen, ob bei Tieren oder Pflanzen, wird im eigenen Garten tagtäglich erworben und erweitert und ist fern von trockener Theorie greif- und begreifbar. Wohnen im Garten stellt weit mehr dar als wertfreies Sichwohlfühlen, der Wohngarten wird zum sanftmütigen Erzieher – übrigens nicht nur der Kinder.

Auch wenn der Nachwuchs hier gerade Spannendes am Zaun entdeckt – Kinder sind im Wohngarten keine Zaungäste

Die Gestaltung ist frei

Nach welchen Kriterien soll ein Wohngarten gestaltet und bepflanzt werden? Es gibt, gottlob, kaum allgemein verbindliche Regeln und schon gar keine Vorgaben, Richtlinien, Vorschriften. Sehr wohl aber kann man einige Erkenntnisse nutzen, die dabei helfen, das vielfältige Leben im Garten zu bewahren, ohne selbst dadurch in seinen Aktivitäten und Vorlieben eingeschränkt zu werden, ohne auf Blumen und Gehölze, die man liebt, zu verzichten. Es soll hier nicht dem strengen Naturgarten, schon gar nicht dem Wildnisgarten das Wort geredet werden, aber man kann einzelne Elemente dieser Formen übernehmen und in die Gestaltung des eigenen Gartens einbeziehen – wenn man will. Sofern nicht ein durchgestylter Ziergarten angestrebt wird, der mit dem Wohngarten nicht viel zu tun hat, ergeben sich bestimmte Anforderungen von selbst: Büsche

oder Hecken ringsum beispielsweise, weil man nicht ständig den Nachbarn optisch zu Gast haben möchte, ein Teich vielleicht, weil er ein Stück Natur pur ist, ein großes Blumenbeet, weil es sich an einem bestimmten Platz so gut macht.

Auch wenn professionelle Gartengestalter das nicht gerne hören: Erlaubt ist, was gefällt – jedenfalls im häuslichen Grün vom Typ Wohngarten. Das schließt eine durchdachte, geplante Gestaltung, eine Berücksichtigung besonderer Stilrichtungen oder eine spezielle Pflanzenliebhaberei nicht aus. Wem es die kleinen Kostbarkeiten des Steingartens angetan haben, der wird sich irgendwo den Platz fürs Alpinum reservieren, wer südliche Kübelgewächse liebt, kann sie längs eines Wegs plazieren, auf der Terrasse zusammenrücken oder an passende Orte im Garten stellen. Mit farbenfrohen Staudenbeeten läßt sich der Rasen säumen, bunte Sommerblumen, auch für die Vase, passen fast überall hin, und natürlich finden Rosen auch im Wohngarten Platz, zum Beispiel am sonnigen Terrassenhang.

So, wie wir unsere Wohnung ganz nach dem eigenen Geschmack einrichten, sollten wir es auch mit dem Wohngarten halten, damit wir uns hier wie dort wohl fühlen. Mangel an Ideen? Schauen Sie doch über fremde Zäune und Hecken und behalten Sie im Gedächtnis, was Ihnen dort besonders gefällt. Es muß ja nicht die Anlage im ganzen sein, oft trifft man dort auf dieses oder jenes Detail, das sich so oder ähnlich auch im eigenen Garten verwirklichen ließe. In Büchern und Zeitschriften gibt es ebenfalls eine Fülle von Anregungen, die in vielen Gärten umsetzbar sind – solange man sie nicht allzu wörtlich nimmt oder aus Scheu vor der Autorität der Autoren und der »perfekten« Bilder den Mut verliert. Sogar in öffentlichen Parks und Gärten kann man fündig werden; seien es bestimmte Pflanzen oder Pflanzenensembles, seien es Wegbeläge, Abgrenzungen, Hecken, die – oft in bescheidenerem Maßstab – auch in den Privatgarten passen. Und gerade auch als Lieferant für Ideen soll das vorliegende Buch dienen – für Anregungen, die in den verschiedensten Gartensituationen verwirklicht werden können, die ermutigen, eigene Varianten auszuprobieren, und die Hilfestellung bei besonderen Gestaltungsproblemen im Wohngarten bieten.

Ein kleiner Teich, bunte Sommerblumen, Rasen zum Sitzen oder Spielen: Erlaubt ist, was dem Wohlbefinden dient

Zimmer
im Freien

Ganz gleich, ob man die Neuanlage eines Gartens plant oder Teile des bestehenden Gartens »wohnlicher« machen will – ein paar Überlegungen zur Gliederung des Ganzen und zur harmonischen Abstimmung verschiedener Bereiche und Details tun not. Andernfalls ist die Gefahr groß, daß man sich nach einiger Mühe und vollbrachter Arbeit in einem grünen Gemischtwarenladen wiederfindet, in dem weder gemütliches Beisammensein noch Spiel und Spaß, noch die Pflanzen so recht Freude bereiten.

Nun gibt es zur Gartenaufteilung, zur Plazierung von Bereichen, zur Kombination von Farben und Formen mehr als genug Regeln, Grundsätze und Literatur. Hier soll vor allem eines interessieren: dem Wohngarten entsprechend seinen vielen Funktionen eine sinnvolle, aber lebendige Struktur zu geben, Räume für verschiedene Bedürfnisse und Gelegenheiten zu schaffen.

Dazu gehören für viele Gartenbesitzer heute auch Räume für die unverfälschte Natur, die im Grün am Haus ebenso Einzug halten soll wie Behaglichkeit und Gartenfreuden aller Art. Stellt sich die Frage, inwieweit sich der Anspruch, der heimischen Flora und Fauna zu helfen, mit anderen Wünschen an den Garten verträgt: hierzu finden sich unter dem Stichwort »Leben im Naturgarten« Anregungen und Hinweise. Zuallererst sollen jedoch die Wände des grünen Wohnraums im Mittelpunkt stehen, sind sie doch tragende Elemente der Wohngartenarchitektur.

Einblick unerwünscht

Sowenig, wie man sich in seinen eigenen vier Wänden gerne fremden Blicken durchs Fenster aussetzt, so ungern möchte man sich im Garten gewissermaßen auf dem Tablett präsentieren oder auf der Terrasse bzw. dem Sitzplatz in die Kaffeetasse schauen lassen. Aber auch von dieser Fernbeobachtung abgesehen ist hautenger Kontakt zu Nachbarn oder gar Passanten nicht immer erwünscht; wer das Grundstück betreten darf, möchte der Besitzer selbst bestimmen. Andererseits wollen nur die wenigsten sich völlig von der Außenwelt abkapseln, das gelegentliche Gespräch über den Zaun wird durchaus gesucht – und, Hand aufs Herz, den eigenen Garten zeigt man ja auch ganz gerne her, sofern es gelungen ist, seine Vorstellungen einigermaßen umzusetzen.

Die Art der Einfriedung und Abgrenzung sagt demnach etwas über die Persönlichkeit des Garteneigners aus, läßt Rückschlüsse darauf zu, ob es sich um einen aufgeschlossenen, kommunikationsfreudigen oder um einen eher schwer zugänglichen Mitmenschen handelt. Übermannshohe Mauern sind in Siedlungsgebieten heute nicht mehr erlaubt; dichte, aufstrebende Hecken, die keinerlei Durchblick gestatten, können dagegen zugelassen sein, solange sie die Verkehrssicherheit nicht gefährden und Einigung mit dem Nachbarn erzielt wurde.

Zäune und Mauern

Die einfachste und, je nach Ausführung, auch billigste Möglichkeit der Grundstücksabgrenzung ist immer noch der Zaun. Ein schlichtes, preiswertes Maschendrahtgeflecht, das man am laufenden Meter in Garten- und Baumärkten kaufen kann, prägt auch heute noch häufig das Straßenbild in Ortschaften mit dörflichem Charakter. Es sind Überbleibsel aus früheren Zeiten, als man nicht viel

Gerade wenn der Platz für eine Heckenpflanzung nicht reicht, sind Holzflechtzäune eine gute Lösung.
Kleines Bild: Kletterpflanzen wie das Geißblatt geben unansehnlichen Zäunen ein freundlicheres Gesicht

*Lebensbaum
(Thuja occidentalis)
bildet dichte, immergrüne
Schnitthecken, ebenso
Chamaecyparis,
die Scheinzypresse
(kleines Bild)*

Sinn und schon gar kein Geld für aufwendige Materialien hatte und der Zaun keinen ästhetischen, sondern den rein praktischen Zweck der Eigentumssicherung erfüllte. In unseren Tagen der schicken Eigenheime nähme sich so ein schmuckloses Geflecht, zumindest an der Straßenfront, ziemlich deplaziert aus; als Abgrenzung zum Nachbarn rechts und links hat es freilich nach wie vor seine Bedeutung, und schließlich läßt sich ein unattraktiver Zaun durch Vorpflanzen von hohen Stauden oder Sträuchern den Blicken entziehen.

Obgleich es auch beim Maschendraht einige moderne, ansehnlichere Varianten gibt, wartet das Naturmaterial Holz doch mit der breitesten Palette an ansprechenden Zaun-Spielarten auf. Der schlichte, bäuerliche Flecht-, Staketen- oder Weidezaun steht als Urahn am Anfang dieser Entwicklung, die über vielerlei Zwischenformen in handwerklich oder industriell gefertigte Muster und Formen mündet. Wofür man sich schließlich auch entscheidet, wichtig ist, daß der Zaun nicht nur zum Stil des Hauses und Gartens paßt, sondern sich in einem Wohngebiet ebenso an den Einfriedungen der umliegenden Häuser orientiert.

Nicht selten wird heute an einem straßenseitig gelegenen Vorgarten gänzlich auf den Zaun verzichtet und nur ein gerade kniehohes Mäuerchen errichtet, das man mit Efeu überwachsen lassen kann. Variante: der niedrigen Mauer wird ein ebenfalls flacher Zaun aufgesetzt – aus Holz, aus Metall in unterschiedlichen Stärken, manchmal aus Kunststoff. Es gibt sogar Gemeinden, in denen Zäune an der Straße ganz verboten und statt dessen Hecken mit genau festgelegter Höhe vorgeschrieben sind – ein Relikt aus Zeiten, da die reglementierenden Behörden dem Bauherrn kaum noch Spielraum für eigene Initiativen ließen.

Schnitthecken

Man kann grob zwischen geschnittenen Formhecken und freiwachsenden, ungeschnittenen Hecken unterscheiden; im Wohngarten dienen beide Typen vorrangig ein und demselben Zweck: das Grundstück abzuschirmen und zu begrenzen.

Form- oder Schnitthecken, laubabwerfend wie immergrün, bilden die bekannten grünen Wände, mit denen sich ein Garten zum Nachbarn oder zur Straße hin abgrenzen und

Gehölze für Formschnitthecken

Deutscher Name	Botanischer Name	Schnitthöhe in m	Pflanzabstand in m
Feldahorn	*Acer campestre*	1–3	0,50
Buchsbaum*	*Buxus sempervirens*	0,50–3	0,50
Einfassungsbuchs*	*Buxus sempervirens* 'Suffruticosa'	0,10–0,50	0,20
Hainbuche	*Carpinus betulus*	1,20–4	0,50
Scheinzypresse*	*Chamaecyparis lawsoniana*	1,5–4	1
Leylandzypresse*	x *Cupressocyparis leylandii*	2–4	0,80
Rotbuche	*Fagus sylvatica*	1,20–4	0,50
Liguster*	*Ligustrum vulgare*	1–3	1
Lorbeerkirsche	*Prunus laurocerasus*	1–2	0,80
Eibe*	*Taxus baccata*	1–4	0,50
Lebensbaum*	*Thuja occidentalis*	1,5–4	0,60

* = immergrün

Laubhecken: Lorbeerkirsche, Prunus laurocerasus (oberes Bild), und Hainbuche, Carpinus betulus

vor unerwünschten Blicken schützen läßt; sie stellen also einen lebendigen und dadurch sehr ansprechenden Ersatz für einen Zaun oder eine Mauer dar. Allerdings bereiten Formhecken einige Arbeit, denn sie müssen regelmäßig geschnitten, meist auch gedüngt und bei Trockenheit gewässert werden; der Verbrauch der dicht beieinanderstehenden, stark austreibenden Gehölze an Wasser und Nährstoffen ist hoch. Wem diese Mühe nicht zuviel ist, der kann mit Formhecken noch mehr machen, als nur eine Grenzmarkierung setzen. Da sie, je nach gewählter Pflanzenart und Schnitt, von nur einer Handbreit über dem Boden bis zu mehreren Metern hoch reichen können, lassen sich mit ihnen ganz nach Bedarf Weg- und Beeteinfassungen, Nischen, vielleicht für eine Skulptur, kleine Kabinette oder ein grüner Mantel für den Sitzplatz schaffen. Der Kompost reift im Schatten einer Hecke besonders gut ist und gleichzeitig den Blicken entzogen. Für den Liebhaber besonderer Gestaltungskünste bietet sich schließlich noch der raffinierte Figurenschnitt an, wie er in englischen Gartenanlagen noch heute praktiziert wird.

Die obenstehende Übersicht stellt in Kurzform eine Auswahl von Gehölzen vor, die sich für den Formschnitt eignen. Ganzjährigen Sichtschutz durch Immergrüne wird man eher an den Grundstücksgrenzen, gerade zur Straße hin, anstreben, während blattabwerfende Laubgehölze vor allem dort geeignet sind, wo auch in der lichtarmen Jahreszeit etwas Helligkeit erwünscht ist.

Das verlangt schon etwas Arbeit: Buchs als kunstvoll formierte Hecke, die hier zwei Gartenbereiche abtrennt

Freiwachsende Hecken

Ökologisch wertvoller als die Schnitthecke ist eine Baum- und Strauchgesellschaft, bei der Säge oder Schere nicht formierend, sondern nur ordnend eingreifen, um dürres, krankes, totes oder störendes Holz zu entfernen, zu lange Zweige zu stutzen oder das Grün zu lichten, wenn es zuviel Schatten wirft. Bei Hecken dieser Art sind wiederum die verschiedensten Gehölzzusammenstellungen möglich, je nachdem, wieviel Platz zur Verfügung steht und welche Licht- und Schattenverhältnisse sich im Umfeld der gemischten Baum- und Strauchpflanzung ergeben. Eine kombinierte **Laub- und Nadelgehölzhecke** mit unterschiedlichen Höhen könnte beispielsweise aus folgenden Arten und Sorten bestehen: Lebensbaum *(Thuja occidentalis* 'Smaragd'), Schlangenhautkiefer *(Pinus leucodermis),* Weißdorn *(Crataegus laevigata),* Strauchmispel *(Cotoneaster salicifolius* var. *loccosus),* Schneeball *(Viburnum rhytidophyllum),* Spierstrauch *(Spiraea nipponica),* Kaskadenstrauch *(Holodiscus discolor),* Strauchrose 'Centenaire de Lourdes', Johanniskraut *(Hypericum hookerianum* 'Hidcote'), Zwergeibe *(Taxus cuspidata* 'Nana'), Strauchrose 'Ilse Haberland'.

Flieder und Lorbeerkirsche sorgen in dieser freiwachsenden Hecke für frühsommerlichen Blütenflor

Diese Zusammenstellung vereinigt Immergrüne, Blütengehölze und solche mit Fruchtschmuck im Herbst – mit dem Ergebnis, daß die Hecke dem Auge das ganze Jahr über etwas bietet.

Wie bei den nachfolgenden Beispielen stellt die Reihenfolge der Nennung gleichzeitig einen Vorschlag zur Anordnung der Gehölze in der Hecke dar.

Wem an einer reinen **Blütenhecke** mit wechselndem Flor vom Frühjahr bis zum Sommer gelegen ist, der könnte Freude an folgender Kombination haben: Goldregen *(Laburnum* x *watereri* 'Vossii'; leider ein sehr giftiger Strauch, auf den man verzichten sollte, wenn kleine Kinder im Haus sind), Chinesischer Flieder *(Syringa* x *chinensis),* Felsenbirne *(Amelanchier lamarckii),* Japanische Zierkirsche *(Prunus subhirtella),* Weigelie *(Weigela-*Hybride 'Floréal' oder 'Styriaca'), Schmetterlingsstrauch *(Buddleja davidii* 'Purple Prince' oder 'Empire Blue'), Forsythie *(Forsythia* x *intermedia* 'Goldzauber'), Fingerkraut *(Potentilla fruticosa* 'Elizabeth' oder 'Goldfinger'), Spierstrauch *(Spiraea-Bumalda-*Hybride 'Anthony Waterer'- Sapho).

Farben im Frühling und Sichtschutz auch im Winter bietet die **immergrüne Hecke** aus Blütensträuchern und Koniferen, die einander in lockerem Verbund abwechseln sollten: Drehkiefer *(Pinus contorta),* Lebensbäume *(Thuja plicata,* daneben die gelbnadelige *T. occidentalis* 'Sunkist'), Rhododendron 'Album Novum', Schneeball *(Viburnum* x *burkwoodii),* Rhododendron 'Gomer Waterer', Schneeball *(Viburnum rhytidophyllum),* China-Wacholder *(Juniperus chinensis* 'Plumosa Aurea'), Rhododendron 'Caractacus', Rhododendron 'Baden-Baden', Stechpalme *(Ilex crenata).* Damit die Rhododendren gut gedeihen, benötigen sie eine saure Bodenreaktion (pH-Wert etwa bei 4–5,6). Meist wird man dazu an den Rhododendron-Pflanzstellen Torf oder Rindenhumus untermischen müssen.

Schließlich noch ein Vorschlag für die **Wildsträucherhecke,** die zwar nicht so dekorativ wie die anderen ist, sich aber durch Robustheit und Anspruchslosigkeit auszeichnet. Für Bienen, Hummeln, Schmetterlinge und andere Insekten stellt sie einen magischen Anziehungspunkt dar, und Vögel fühlen sich im Zweig- und Blattgewirr sicher. Bleibt dann noch das Laub über Winter liegen, wo es hingefallen ist, findet auch am und im Boden ein reges Leben statt. Folgende Gehölze kämen neben vielen weiteren dafür in Frage: Vogelkirsche *(Prunus avium),* Eberesche *(Sorbus aucuparia),* der heimische Schneeball *(Viburnum opulus),* Gemeiner Liguster *(Ligustrum vulgare),* Feldahorn in Buschform *(Acer campestre),* Roter Hartriegel *(Cornus sanguinea),* Schlehe *(Prunus spinosa),* Traubenholunder *(Sambucus racemosa),* Pfaffenhütchen *(Euonymus europaeus),* Vielblütige Rose *(Rosa multiflora),* Hasel *(Corylus avellana).*

Ein Garten –
viele Räume

Mehr noch als für manch andere Gartentypen trifft für den Wohngarten die Bezeichnung »grünes Zimmer« zu. Doch im Grunde genommen greift dieser Vergleich zu eng; denn ebenso wie ein Haus nie nur aus einem einzigen Raum besteht, sollte auch das Grün draußen in verschiedene Bereiche, verschiedene Einzelzimmer unterteilt werden. Das bedeutet freilich nicht, überall Zäune zu setzen, Mauern zu ziehen, Abgrenzungshecken zu pflanzen und Tore vorzusehen, die man öffnen und schließen kann wie eine Zimmertür. Was angestrebt wird, gibt sich viel bescheidener, ist auch im kleinen Garten zu realisieren und bedeutet schlicht nichts anderes, als für Abwechslung zu sorgen, und sei es mit noch so bescheidenen Mitteln. Am besten läßt sich das an einem Gegenbeispiel demonstrieren: dem Rasengarten pur. Hier haben wir eine durchgehende Grasfläche, die vom Gartenbeginn bis an die hintere Grundstücksgrenze reicht, meist sparsam gesäumt von einigen Sträuchern oder Rosen. Vom Mähen und Düngen abgesehen, gibt es hier nicht viel zu tun, weder für Arme und Hände noch fürs Auge. Diesem oder jenem bedeutet eine derartige weitgehend schmucklose Anlage möglicherweise das erstrebenswerte Ideal eines pflegeleichten Gartens, und man soll niemanden deswegen schelten. Da der Rasen hier im Mittelpunkt liegt und zwangsläufig das einzige ist, was immerzu und jederzeit ins Auge fällt, muß er jedoch entsprechend gepflegt sein, das heißt, als Spiel- und Nutzgelegenheit ist er nicht zu gebrauchen. Ganz anders im vielgestaltigen Wohngarten mit seinen optischen Schwerpunkten, mit unterschiedlichen Akzenten durch die Einteilung in Räume.

Fließende Strukturen

Schon zuvor wurde angedeutet, daß man den Begriff Gartenraum nicht zu eng, gleich einem von Wänden umschlossenen Zimmer, sehen soll. Im Garten ist alles fließend, geht das eine ins andere über, gibt es Ergänzungen eines an anderer Stelle aufgenommenen Motivs, Übereinstimmungen von Stilen, Materialien, Schmuckelementen; das klingt schon wieder schrecklich kompliziert – der Gartenarchitekt läßt grüßen! Machen wir also am besten die Probe aufs Exempel: Spaziergang durch einen gegliederten Wohngarten, von Zimmer zu Zimmer sozusagen – wobei die nebenstehende Abbildung als Wegweiser dienen kann. Es beginnt im nach Westen gelegenen Terrassenbereich, der sich über die ganze Länge des Giebelhauses hinzieht. Dieser Sitzplatz ist mit einer Pergola überbaut, an der Kletterrosen, eine Trompetenblume *(Campsis radicans)* und eine auch am Dach entlangwachsende Glyzine klettern. Dieser erste Raum geht in einen kleinen Hang über, in dem fünf Kiefern ihren Platz gefunden haben. Um dem Unterwuchs aus Farnen und teilweise immergrünen Kleinsträuchern genügend Licht zu verschaffen, wurden den Nadelbäumen die unteren Äste bis knapp auf Mannshöhe weggenommen. Ein schmaler Pfad aus Natursteinplatten schließt sich an; er verläuft neben einer Hecke aus Leylandzypressen, die den Garten gleichzeitig zum Nachbarn hin begrenzt. Aus diesem zweiten Raum kommend, betritt man ein kleines Rasenrund, das über einige Stufen auch von der Terrasse her zugänglich ist. Gesäumt wird dieser lauschige Platz von freiwachsenden, rot- und grünlaubigen Berberitzen, denen sich dichte, meterhohe Bambusbüsche anschließen; sie beschirmen den dahinter liegenden Teichbereich. Auf der Nordseite des Rasenstücks mit einem kleinen Putto und einer Schwengelpumpe am Brunnentrog schließt sich die von Kletterpflanzen bewachsene Mauer des Innenhofs an, der durch einen rosenumrankten Durchgang zu erreichen ist. Der Innenhof mit Hochteich, Kletter- und Kübelpflanzen, Fleißigen Lieschen in großen Terrakottagefäßen, einigen Skulpturen und Wildem Wein, der an über das Areal gespannten Schnüren entlangkriecht, wird von einer weiteren, weißgestrichenen Mauer mit Durchgang abgeschlossen. Dieser führt zum großen Naturgartenteil mit Pavillon und Sitzplatz. Hoher Bambus, Sträucher und Japanische Ahorne schirmen dieses Refugium gegen alle unerwünschten Blicke von draußen ab.

Wir haben also fünf »Zimmer« im Eilschritt durchquert, ohne weitere, in sich abgeschlossene Gartenteile zu berücksichtigen: den Vorgarten, den gleichfalls blumengeschmückten Eingangstrakt, das Gemüsequartier mit Kleingewächshaus und Hochbeeten, das sich, völlig von allen anderen Bereichen abgetrennt, hinter der Garage befindet. Es handelt sich hier also um einen Wohngarten im besten Sinne, bei dem nur der Spielbereich der Kinder fehlt. Bei so vielen so unterschiedlich eingerichteten Räumen sind die Möglichkeiten weiterer Gestaltungsraffinessen nahezu unerschöpflich. Altes kann man, wenn auch jedesmal sicher schweren Herzens, wegnehmen und durch Neues ersetzen, vielleicht wird ein weiterer Weg gezogen, ein Plätzchen für Steingartenpflanzen gefunden, eine Trockenmauer aufgeschichtet, eine kleine Kakteenlandschaft modelliert. Es ist schon so: Wer seinen Garten liebt, hat meist mehr Ideen, als sich verwirklichen lassen, wobei die größte Forderung in der Erkenntnis und im Akzeptieren der unumgänglichen Beschränkung besteht. Dies natürlich um so mehr, wenn

die zur Verfügung stehende Fläche kleiner ist als beim demonstrierten Beispiel; doch selbst in einem Garten mit deutlich bescheideneren Ausmaßen läßt sich das Prinzip gewinnbringend umsetzen – auch in zwei oder drei Räumen kann man sich wohnlich einrichten.

Sichtschutzelemente als Raumteiler

Manchmal ist es nicht erwünscht oder aus Platzmangel nicht möglich, zur Abteilung bestimmter Gartenpartien Sträucher oder Hecken zu pflanzen, bisweilen sieht eine eher lockere Abtrennung einfach besser aus oder paßt sich stilistisch dem Umfeld besonders gut an. Im Handel gibt es den schon erwähnten Flechtzäunen ähnliche Gitterelemente aus diagonal oder gerade verlaufenden, schmalen wie stärkeren Holzlatten, die man in der Naturfärbung belassen oder in einer gewählten Farbe anstreichen kann. Sehr elegant wirkt Weiß, besonders wenn sich dieser Ton in der Nachbarschaft wiederholt, zum Beispiel beim Rosenbogen, bei Treppengeländer, Pergola oder Mauerwerk. Eine braune Spalierwand dieser Art läßt sich später mit Kletterpflanzen begrünen, und wer gleichzeitig Wert auf süße Früchte legt, entscheidet sich möglicherweise für Kiwis, Weinreben oder Brombeeren. So wächst das Obst quasi in den Mund, was im Kapitel »Besondere Gartenerlebnisse« (Seite 105 – 107) näher beschrieben ist.

Eher provisorischen Charakter haben selbstgemachte Sichtschutzeinrichtungen aus Stroh- oder Schilfmatten, Markisenstoff und senkrecht oder waagerecht an einem Rahmen befestigten Dachlatten. Der Handel bietet außerdem Kunststoffmatten von der Rolle an, die aus senkrecht aneinander befestigten Röhren bestehen und damit Schilfmatten ähneln, aber sehr teuer kommen. Auch Holzimitationen der verschiedensten Art sind erhältlich, jedoch nicht immer empfehlenswert, da zum Teil mäßige Qualität und Verarbeitung keine allzu lange Lebensdauer erlauben.

Beispiel für die Struktur eines Wohngartens mit fünf »Zimmern« (Grundfläche ca. 1000 m²):

1 Terrasse	*4 Innenhof*
2 Terrassen-»Vorzimmer«	*5 Naturgartenbereich*
3 Rasenrund	

Weitere Bereiche und Elemente:

a Vorgarten mit Teich	*h Berberitze*
b Sträucherhecke	*i Bambusbüsche*
c Treppe	*j Teich*
d Hang mit Kiefern	*k Pavillon*
e Natursteinplatten	*l Freiwachsende Laubhecke*
f Leylandzypressen	*m Durchgang zum Gemüse-*
g Brunnen	*und Kräutergarten*

Sichtschutzwand und – im Vordergrund – Zaun mit aufgesetzter Pergola als Raumteiler. Für eine Berankung käme zum Beispiel eine Clematis-Hybride (kleines Bild) in Frage

Schließlich bleiben noch zwei originelle Möglichkeiten, Gartenteile voneinander zu trennen: die bepflanzte Torfwand und das Gestell für Ampel- und Kastenpflanzen.

Eine Torfwand kann man leicht selbst bauen. Dazu errichtet man zunächst eine Rahmenkonstruktion aus vier kräftigen, im Boden verankerten Holzpfählen – je zwei an jeder Stirnseite im Abstand von 30–40 cm; die Entfernung zwischen den beiden Pfahlpaaren ergibt sich aus der gewünschten Länge der Wand. Mehr als etwa 2 m dürfen es nicht sein, sonst wird das Gestell unstabil. Denn der Maschendraht, der nun zwischen den Pfählen so straff wie möglich befestigt wird, hat das feuchte Füllsubstrat aus langfaserigem Hochmoor-Weißtorf zu halten. Unter Umständen können noch weitere Stützpfähle notwendig werden, um die Seitenwände zu verstärken. Da sehr dicht durch die Maschen hindurch gepflanzt werden muß, damit keine Kahlstellen entstehen, sollten nur preiswerte Sommerblumen gewählt werden, die schnell wachsen und alle Lücken schließen.

Zur Verwirklichung dieses Vorschlags ist jedoch einiges Fingerspitzengefühl nötig. Um die saure Reaktion des Torfs pflanzenfreundlich zu machen und seine geringe Nährstoffabgabe auszugleichen, müssen dem Substrat schon vor dem Einfüllen je 10 l Torf 20 g eines mineralischen Volldüngers und ebensoviel kohlensaurer Kalk beigemischt werden. Das Hauptproblem einer Torfwand besteht jedoch im richtigen Gießen. Durch die großen Pflanzflächen ist die Verdunstung hier besonders hoch, so daß der Feuchtigkeitsgehalt des Substrats einer ständigen Kontrolle bedarf. Die Gefahr von Trockenheit ist ebenso permanent wie die der Vernässung; der Torf unmittelbar am Drahtgeflecht kann sich zum Beispiel knochentrocken anfühlen, während die Fasern weiter im Innern noch mit Feuchtigkeit gesättigt sind. Bei heißem Sommerwetter trocknet das Substrat zudem innerhalb kürzester Zeit aus. Mit einer automatischen Tröpfchenbewässerung läßt sich dieses Problem allerdings recht gut in den Griff bekommen.

Für einen Sichtschutz mit Pflanzen in Ampeln und Kästen kann man sich das Gestell ebenfalls selber bauen. Es besteht aus zwei kräftigen, in der Erde verankerten Pfosten und einem darüber genagelten oder mit Winkeleisen befestigten Querbalken. An ihm lassen sich dann bepflanzte Ampeln aufhängen – damit es gefälliger wirkt, in unterschiedlichen Höhen –; auf den Boden kommen Balkonkästen, Kübel, Schalen und andere Behälter. Zusätzlich lassen sich an den senkrechten Pfosten Brettchen als Stellagen anbringen, die dann weitere Gewächse aufnehmen, so daß sich der Rahmen füllt. Oder man engt die Konstruktion durch rechts und links angeschraubte Scherengitter für einjährige Kletterpflanzen ein. Ist ein Durchblick in den dahinter gelegenen Gartenraum erwünscht, beläßt man es bei dieser Lösung und verzichtet auf zusätzliche Stellagen.

Die selbstgebaute, mit Sommerblumen und einjährigen Kletterern bepflanzte Torfwand kann zur kleinen Gartensensation werden; die Wasserversorgung der Blumen im Torfsubstrat erfordert allerdings viel Aufmerksamkeit

Leben im Naturgarten

Wer sich daranmacht, Gartenräume zu schaffen und Zimmer im Freien neu einzurichten, sollte von vornherein an einen wichtigen Dauergast denken, der ganz spezielle Anforderungen an die Einrichtung stellt: die heimische Tier- und Pflanzenwelt. Ob sich Naturgarten und Wohngarten miteinander vertragen, ist allerdings ein Thema, über das sich trefflich streiten läßt.

Je nach Standpunkt, Einstellung und Engagement gehen die Meinungen darüber, was ein Naturgarten nun eigentlich ist, ziemlich auseinander. Angefangen vom Gartenbesitzer, der in seinem Zierrasen, den Edelrosen und Blaufichten nichts »Unnatürliches« finden kann, über den Pflanzen- und Tierfreund, der jedes chemische Präparat und jeglichen Mineraldünger aus seinem grünen Refugium verbannt hat, sonst aber beim Herkömmlichen bleibt, bis hin zum äußerst engagierten umweltbewußten »Überzeugungstäter« mit dem Bestreben, seinen Garten konsequent in eine Art Naturschutzgebiet zu verwandeln.

Es ist also schwierig, den Begriff Naturgarten mit wenigen Worten zu umreißen, weil jede Definition zwangsläufig subjektiv sein muß. Auch hier sind nur Annäherungen möglich, und gerade im Wohngarten wird man sich »Gebrauchsnischen« offenhalten müssen: Grillplatz, Spielbereich der Kinder, gutmütigen, kurz gehaltenen Strapazierrasen, Bereiche für Liebhabereien wie den geplätteten Kübelpflanzenplatz, das Steinbeet, vielleicht ein kleines Gewächshaus mit Kakteen. Deshalb bleibt die Natur, die Vielfalt tierischen und pflanzlichen Lebens noch lange nicht draußen vor der Tür.

Um das zu gewährleisten, muß man vor allem eines tun: Der Einsatz jeglicher chemischer Pflanzenschutzmittel hat zu unterbleiben – und zwar konsequent. Synthetisch hergestellte, leichtlösliche Mineraldünger sollten sowenig wie möglich zum Einsatz kommen, ausgenommen bei Topf- und Balkonpflanzen. Ein Verzicht, der nicht allzu schwer fällt und in unseren heutigen Hausgärten bereits gang und gäbe ist; ein Plätzchen für den Kompost findet sich fast in jedem Garten, und wo diese wertvolle Nährstoffquelle nicht ausreicht, helfen organische Handelsdünger aus dem Gartenmarkt weiter. Ein Pfitzerwacholder, die Hecke aus Leylandzypressen, die Prachtstaudenrabatte –, was immer man liebt und gerne um sich hätte, ist erlaubt, wenn für solch »naturferne« Elemente ein gewisses Gegengewicht geschaffen wird. Als Äquivalent sorgt man zum Beispiel für einige dichtbelaubte Blütensträucher, weist Kräutern und

Teich-Biotop direkt vorm »grünen Wohnzimmer«; zuviel Trubel auf der Terrasse wäre allerdings dem Tierleben nicht gerade förderlich, ruhige Schlupfwinkel werden bevorzugt

Der Garten löst weder die Probleme gestreßter Menschen noch die der bedrohten Natur, er bietet jedoch in beiden Fällen wichtige Erholungsräume

Ein kleines Eckchen, sich selbst überlassen, wird bald zum Tummelplatz für Insekten und andere Kleintiere

Wildstauden passende Plätze zu, verwendet für Baulichkeiten soweit als möglich Materialien wie Natursteine und Holz, schafft Trinkstellen und Nistgelegenheiten für Vögel und türmt irgendwo in einer dem Auge entzogenen Ecke einige Steinbrocken als Unterschlupf für kleine Wildtiere übereinander – sie dürfen sogar aus Zement bestehen! Demselben Zweck dienen dicke Aststücke, die am verschwiegenen Platz allmählich vermodern. Schließlich sollte man das Herbstlaub, oder wenigstens Teile davon, unter Sträuchern liegen lassen bzw. darunter deponieren, anstatt es bis auf das letzte Blättchen dem Kompost anzuvertrauen. Das Beste freilich, was man für die Natur tun kann, ist die Anlage eines Teichs. Und wo sich ein Plätzchen für die Blumenwiese findet – um so besser.

All dies braucht dem Wunschbild des Gartens keinen Abbruch zu tun; Vögel, Kleinsäuger, erst recht Insekten spüren die ihnen zusagenden Plätze oder Pflanzen mit unfehlbarer Sicherheit auf – auch wenn man seine Beobachtungsgabe schärfen muß, um ihrer ansichtig zu werden. Denn natür-

lich handelt es sich bei so einer Anlage um einen Kompromiß, um Konzessionen vor allem gegenüber der Fauna, der Naturgarten existiert hier nur in Andeutungen. Doch ist das nicht schon viel? Es bleibt ja jedem selbst überlassen, noch ein paar Schritte weiterzugehen, statt Formhecken freiwachsende Gehölze zu wählen, Schattenstellen mit Bodendeckern zu füllen, einen größeren Laubbaum zu pflanzen, Nisthölzer für Wildbienen am Gartenhäuschen aufzuhängen, eine Trockenmauer aus Natursteinen zu errichten, den Gartenteich mit einer ausgedehnten Flachwasser- und Sumpfzone zu versehen, die Wege und Pfade mit Rindenmulch oder Gehölzhäcksel statt mit Platten zu befestigen, den Gehölzsaum für Wild- und Rainpflanzen zu reservieren. Wer sein grünes Umfeld so oder ähnlich einrichtet, beschneidet nicht zähneknirschend seinen Spielraum, sondern tut dies, weil er Freude am wuseligen Leben hat, das sich hier breitmacht, weil ihm das Beobachten der Tierwelt Spaß macht, weil er in diesem und in keinem anderen Garten wohnen möchte.

Mittler zwischen Haus und Garten

Wenn vom »grünen Wohnzimmer« die Rede ist, meint man damit meist die Terrasse und den Wintergarten, Balkon und Dachgarten fallen ebenfalls in diese Kategorie. Gerade bei Terrasse, Wintergarten oder auch einem begrünten Hof handelt es sich um Wohngartenzimmer ganz besonderer Art, um Mittler zwischen Haus und Garten eben. Bei sehr kleinem oder gar fehlendem Gartengrundstück stellen sie schließlich die einzige Möglichkeit dar, inmitten von Pflanzen zu wohnen – sofern man nicht ein mit zahlreichen Zimmerpflanzen geschmücktes Haus ebenfalls als »Wohngarten« bezeichnen will.

Zwei Gruppen von Gewächsen spielen im Übergangsbereich vom Haus zum Grün draußen eine herausragende Rolle: die ausdauernden Kletterpflanzen und die Kübelpflanzen, nicht winterharte Exoten also, die den Sommer jedoch gerne im Freien verbringen. Während es hier vor allem um grundsätzliche Gestaltungsmöglichkeiten gehen soll, werden beide Pflanzengruppen an anderer Stelle nochmals ausführlicher vorgestellt; den Kletterpflanzen, im Wohngarten fast unentbehrlich, ist mit »Der Drang nach oben« ein gesondertes Kapitel gewidmet.

Im Blickpunkt: die Terrasse

Selbst kleine Reihenhäuser werden heute nur selten ohne Terrasse gebaut, die durch einige Stufen oder Trittsteine mit dem Garten oder Vorgarten verbunden ist. Der gefliese Sitzplatz, häufig etwas über dem Gartenniveau gelegen, stellt also eine natürliche Verbindung zwischen Wohnteil und Freiland dar. Ob man die Terrasse nun als Fortsetzung des Hauses oder als Vorraum der Pflanzungen betrachtet:

In jedem Fall ist sie Mittler zwischen beiden Bereichen und erfordert entsprechende Aufmerksamkeit bei der Planung und Ausführung. Das klingt hochgestochen, meint aber nichts anderes als dies: Übereinstimmung mit dem Stil des Hauses und Anwesens in Gestaltung, Möblierung, Ausstattung einerseits und Einfügung ins Gartenbild andererseits. Weil überspitzte Beispiele immer am anschaulichsten sind, soll hier eine mißlungene Situation als Exempel dafür dienen, wie man es nicht machen sollte: Zu einem Gebäude im Landhausstil oder in Fachwerkbauweise paßt eine Terrasse mit futuristisch gestyltem Mobiliar, schneeweißen Bodenplatten und einer Stahlrohrpergola ebensowenig wie

Der Stil der Terrasse wird nicht zuletzt durch die Bepflanzung geprägt: Farbenfrohe Sommerblumen und blühende Kübelpflanzen schaffen lebhafte Atmosphäre (großes Bild); Rosa- und Lila-Töne sorgen für romantisches Flair (kleines Bild)

ein formaler Garten, durchzogen von schnurgeraden Wegen und mit einem Zierspringbrunnen inmitten des makellosen Golfrasens. Der moderne, strahlende Bungalow dagegen verträgt sich nicht mit rustikalen Bauernmöbeln am Sitzplatz oder mit einem Laubengang aus Knüppelholz. Ob in diesem Fall ein sogenannter Wildnisgarten das richtige wäre, darüber kann man ebenfalls streiten.

Wird die Terrasse nachträglich zum Wintergarten umfunktioniert, sind allerdings Zugeständnisse an die Technik, an Leichtbauweise und durchlaufende Glasflächen kaum zu umgehen. Sonderanfertigungen, die sich dem Stil des Anwesens annähern, kommen teuer, und man muß achtgeben, daß über der Optik nicht die Funktionalität ins Hintertreffen gerät. Gerade beim Wintergarten kann man jedoch einiges sozusagen durch die Hintertür und auf Umwegen korrigieren. Eine durchdachte Bepflanzung im Innern wirkt durch ihr Grün und die Blätter der mediterranen Bewohner auch von außen auf den Betrachter und lenkt von der Aluminiumkonstruktion ab, im Raum aufgehängte Ampeln verkleinern die Fenster, vielleicht ist auch noch genügend Platz, dem Anbau mit Gartenpflanzen in Kübeln ein freundliches Ambiente zu geben. Bei alledem sind Geschicklichkeit und Einfallsreichtum gefragt, damit aus dem Wintergarten kein Schattenkabinett wird.

Bei der Plazierung sonnenliebender Blumen muß Schattenwurf durch Pergolen oder Überdachungen berücksichtigt werden

Leben auf der Terrasse

Als Rahmen für gemütliches Sitzen und geselliges Treiben auf der Terrasse bietet sich die begrünte Pergola geradezu an. Die an ihren Pfosten rankenden Kletterpflanzen halten nicht nur die pralle Sommersonne ab, sondern sprechen auch das Auge an. Für den Pflanzenliebhaber, der sich auf der Terrasse von Blumen umgeben sehen möchte, hat ein dicht bepflanztes Rankgerüst dieser Art jedoch auch seine Schattenseiten – im wahrsten Sinn des Worts. Je nach Himmelsrichtung, Sonnenstand im Tageslauf und Dichte des Pergolabewuchses wird man für den Terrassenschmuck mit Pflanzen die entsprechenden, den Lichtverhältnissen angepaßten Arten auswählen müssen. Da die Mehrzahl der Gewächse nicht durchgehend volle Sonne braucht, viele sogar für stundenweise Beschattung dankbar sind, dürfte es nicht schwierig sein, Geeignetes zu finden.

Wohin aber nun damit im grünen Wohnzimmer, das ja in der Regel mit einem festen Bodenbelag ausgestattet ist? Bei der naheliegenden Topf- und Kübelkultur kann man zwei Fliegen mit einer Klappe schlagen, indem die schönen, attraktiven Pflanzen schöne und attraktive Behälter bekommen. Ebenerdig plaziert man Steingefäße, glasierte oder naturbelassene Ton- oder Terrakottatöpfe, Holzkübel und -kästen; selbst ein uriger, zerklüfteter Trog mit polsternden Steingartenwinzlingen mag ins Bild passen. Schalen, Vasen und Keramikkörbe stehen besser etwas erhöht auf einem Podest, bepflanzte Ampeln läßt man von einem Querbalken herabhängen oder befestigt sie an der Außenseite eines Trägers.

Was immer gewählt wird – planlos irgendwohin drapierte Pflanzgefäße verfehlen nicht nur ihre Wirkung, sie mindern indirekt auch die Attraktivität der in ihnen zur Schau gestellten Blumen oder Gehölze. Kleine, niedrige Arten und Sorten über die ganze Fläche verteilt, mal hier ein Topf, mal dort ein Töpfchen, stehen so verloren herum, daß man ebensogut auf sie verzichten könnte. Besser ist es, ihnen einen Sammelplatz einzuräumen, auf dem man sie zusammenschieben und leichter pflegen kann.

Ist die Terrasse geräumig genug, vielleicht irgendwann zu groß, wenn sie von den Kindern nicht mehr zum Spielen benutzt wird, läßt sich durch Entfernen von Bodenplatten an den Rändern ein mit guter Erde gefülltes Grundbeet anlegen, das nicht besonders breit sein muß. Alternativ ist auch ein – je nach Haustyp aus Natur-, Ziegel- oder Klinkersteinen – aufgemauertes Pflanzenquartier denkbar. Es nimmt dann entweder die Längsseite des Sitzplatzes bzw. einen Teil davon ein oder bildet quer gebaut den Abschluß. Zum Beispiel läßt sich auf diese Weise der Abgang zum Garten ansprechend flankieren. Solche Hochbeete vermitteln die Illusion des geschlossenen Raums, wenn sie einen

*Mit einem Holzdeck kann man die Terrassenfläche
auf einfache Weise vergrößern. Kübelpflanzen schützen
vor neugierigen Blicken, ebenso eine Weinrebe an der Pergola,
die gleichzeitig einen Teil der Terrasse der prallen Sommersonne entzieht. Weiter vorne dagegen ist Sonnenschein erwünscht,
damit die Steingartenpflanzen in den Plattenfugen gedeihen*

größeren Teil der Terrasse nach außen hin abgrenzen, was übrigens auch eine nur hüfthohe Hecke aus immergrünem Buchs oder Liguster zuwege bringt. Eine Anlehnung an die Hauswand empfiehlt sich nur bei ausreichender Feuchtigkeitsisolierung zwischen Beet und Mauerwerk.

Ebenso wie sich der Sitzplatz am Haus mit Hilfe von Pflanzen verkleinern läßt, kann man ihn, wenn genügend Platz vorhanden ist, auch vergrößern, ein Stück in den Garten hineinschieben. Ohne umfangreiche Erdarbeiten geht das beispielsweise, indem die bestehende Fläche durch ein sogenanntes Holzdeck erweitert wird, das je nach Umfang und Bodenbeschaffenheit auf Streifen- oder Punktfundamenten ruht. Was Holzart, Imprägnierung und Verbauungstechnik betrifft, zahlt es sich im Endeffekt sicher aus, den Rat eines Fachmanns einzuholen, damit das Deck auf Dauer Wind, Wetter und anderen Belastungen standhält.

Bei einer derartigen Holzkonstruktion muß man mit dem auskommen, was sich an Topfgewächsen darauf plazieren läßt, und wenn einem der Nachbar nicht in die Kaffeetasse gucken soll, wird man sich eben hinter großen Kübelpflanzen verschanzen. Das ist gar nicht mal ein Notbehelf, sondern unter Umständen eine sehr ansprechende Lösung und könnte sogar Neid erwecken, wenn riesige, über und über mit duftenden Trompetenblüten überschüttete Engelstrompeten *(Datura)* als Sichtschutz dienen. Wem das zu klotzig und die besonders ab Abend aromageschwängerte Luft zu intensiv ist, der wählt eine Vorpflanzung in den gewachsenen Boden – mit größeren, immergrünen Laub- oder Nadelgehölzen, sofern das Deck erhöht liegt, mit kleineren bei ebenerdiger Bauweise. Oder man setzt auch hier eine Hecke als Abgrenzung. Ist vor dem Holzdeck noch reichlich Platz, kommt sogar ein Kiefernwäldchen in Frage, nur muß dabei bedacht werden, daß daraus nach einigen Jahren ein Wald heranwächst, in dem die Kiefern als Lichtgehölze allmählich von unten her verkahlen. Dagegen hilft nur, zunächst die bodennahen Äste zu entfernen und später ganze Bäume wegzunehmen.

Auf der nicht um so ein Deck erweiterten, üblichen Terrasse kann man außer dem Topf- und Kübelgarten oder gemauerten Hochbeeten noch weitere Gestaltungsideen Wirklichkeit werden lassen. Wurde der Boden mit unregelmäßig geschnittenen oder gebrochenen Natursteinplatten belegt, ist eine Fugenpflanzung mit kleinen Gewächsen des Steingartens möglich, wie sie im Kapitel »Wege zum Ziel« (siehe Seite 80–81) beschrieben ist. Vorausgesetzt, man wählt dafür einen wenig frequentierten Bereich am Rand oder in einer Ecke, an dem die Sonne nicht nur kurze Gastspiele gibt. Die Wurzeln der anspruchslosen Pflanzen sind mit engstem Raum zufrieden, gießen muß man nur, wenn eine Überdachung den Regen abhält.

Hölzerne Kästen, kombiniert mit berankbaren Ziergittern, bieten Pflanzen ein ansprechendes Terrassenquartier

Steintröge lassen sich ebenso wie gemauerte Pflanzenwannen gut in die Terrassengestaltung mit einbeziehen

Sommerfrische für Zimmerpflanzen

Freunde von Zimmerpflanzen schließlich haben die Möglichkeit, ihre Terrasse als Sommerquartier für die Fensterbrettbewohner zu nutzen, denen eine solche Frischluftkur fast immer gut tut. Ausgenommen bleiben nur Arten des tropischen Regenwaldes und solche, die durch ein geschlossenes Blumenfenster oder eine Vitrine verwöhnt und entsprechend empfindlich sind. Alle anderen können mitsamt ihren Behältern ins Freie kommen und tragen hier mit Laub und Blüten zur Verschönerung bei. Auf einer Pflanzentreppe oder Etagere kann man die Pflanzen ihrer Größe entsprechend gestaffelt unterbringen oder, wie schon beschrieben, an einem gesonderten Platz zum Ensemble arrangieren. Große Blattschmuckexemplare dürfen auch eine Extraloge erhalten, sofern sie sich noch hin- und herbewegen lassen. Aufpassen muß man nur bei Gewächsen, die in Übertöpfen stehen, und bei Hydrokulturen: Ist die

Terrasse dem Regen ausgesetzt, sind die Behälter nach jedem Guß zu entleeren und die Hydrowasserstandsanzeiger zu kontrollieren. In kühlen Sommern mit wenig Sonne ist es sicherer, die Zimmerpflanzen an ihrem angestammten, geschützten Platz zu lassen, weil auch robustere Arten unter solch widrigen Verhältnissen Schaden nehmen können.

Terrassenwassergärten

Für die Terrassenlandschaft bedeutet das kleine Wasserbecken stets eine Bereicherung, für den Besucher eine Überraschung, weil man so etwas hier nicht erwartet. Und da sich mit Teichfolie jeder Behälter abdichten läßt, ist man in der Wahl der Gefäße oder des Umfangs der in den Boden integrierten Mulde frei. Die einfachste – und nicht schlechteste – Möglichkeit stellt das halbierte Holzfaß dar, um das einige Natursteinbrocken oder Kiesel gruppiert werden

Von Echter Feige und Oleander vor intensiver Sonne geschützt, genießen hier Spathiphyllum und andere Zimmerpflanzen die Sommerfrische. Kleines Bild: Kalanchoë gedeiht und blüht bei Sommeraufenthalt im Freien am besten

können. Oder man umkränzt es mit bepflanzten Töpfen und Schalen zu einem anmutigen Arrangement. Schwarze Kunststoffcontainer, wie sie auch für Kübelgewächse Verwendung finden, verschwinden am besten hinter einer Verkleidung aus Rundholzpalisaden oder einem selbstgebauten Brettermantel. Für größere Terrassen kann man auch Betonringe aus dem Baustoffhandel wählen, nur ist es hier schwierig, die den Rand überlappende Folie zu befestigen und zu kaschieren.

Sehr interessant sieht ein quadratischer oder rechteckiger Kleinteich aus, den man entweder als Fertigbecken oder ebenfalls mit Hilfe von Folie in den Boden einläßt. Etwas an den Rand gerückt, schaffen hier höher aufragende Halme von Binsen und Rohrkolben, die Blätter von Sumpfschwertlilien und Pfeilkraut einen grünen Hintergrund, während vorne Zwergseerosen ihre Blüten öffnen. Hübsch machen sich auch die auf langen, schmalen Stengeln sitzen-

den Blattschirme des nicht winterharten Zypergrases, das mitsamt seinem Kulturtopf ins Wasser gestellt wird. Sind Kleinkinder im Haus, sollte man sich diese Möglichkeit der Terrassengestaltung allerdings besser für einen späteren Zeitpunkt vormerken, da sich das bodengleich eingelassene Becken kaum wirksam absichern läßt und so ein Risiko für die Kinder darstellt.

Das bereits beschriebene, sonst als Pflanzenquartier genutzte Terrassenhochbeet kann man ebenfalls zum Wassergarten herrichten. Ist der Rand genügend breit, deckt man ihn mit Natursteinplatten ab, die gleichzeitig die Folie festhalten. Wer Gefallen daran findet, setzt noch einen separaten Behälter mit Tauchpumpe und Sprudelaufsatz ins Becken, um das Wasser in leise, unaufdringliche Bewegung zu bringen. Lassen Sie die Freude am Spiel aber nicht in einer Fontäne gipfeln, das paßt auf Schloß Fontainebleau, kaum jedoch auf Ihrer Terrasse!

Kiesel, eine Schale mit Sommerblumen und Strauchmargerite rahmen auf dieser Terrasse die hübsche Miniteich-Parade, die durch das Grün von Tannenwedel und Sumpfschwertlilien wirkt. Kleines Bild: Blüher für Terrassenteiche: Zwergseerosen

Anheimelnd: der Wintergarten

Ein gewichtiges Verkaufsargument der Hersteller von Wintergärten ist die Energieeinsparung. Nun läßt sich nicht bestreiten, daß sich die Heizkosten mit Hilfe eines isolierenden und die Wärme speichernden Glasanbaus senken lassen. Möglich ist das allerdings nur, wenn der Bau von einem Fachmann ausgeführt wird, der über spezielle Kenntnisse der dafür erforderlichen Technologie und Materialien verfügt, denn mit einem einfachen Anbau als Pflanzenquartier allein ist es nicht getan. Das gilt auch für den Einsatz der Solarenergie durch Sonnenkollektoren. Ein Wintergarten, der tatsächlich zur Senkung des Energiebedarfs beiträgt, erfordert zunächst einmal beträchtliche Investitionen; wie lange es dauert, bis sich diese Summen in Form gesunkener Heizkosten amortisiert haben, sollte man gründlich durchrechnen. Abgesehen von diesen Erwägungen bietet solch ein verglastes grünes Zimmer natürlich besonderen Wohnkomfort; wenn es auf der Terrasse noch bzw. schon zu kalt ist, erlauben erste Frühlings- oder letzte Herbstsonnenstrahlen im Wintergarten behagliches Leben zwischen Pflanzen. Auch kälteempfindliche Gewächse finden hier ein geeignetes Quartier, allerdings nur, wenn alle Details der Ausführung stimmen.

Ob dieses besondere Glashaus für Mensch und Pflanze nun nachträglich angebaut wird, indem man zum Beispiel die Terrasse zum Wintergarten umfunktioniert, oder von Anfang an in die Bauplanung mit einbezogen war – es ist ein Irrtum zu glauben, daß damit sämtliche Probleme der Kultur von subtropischen oder tropischen Gewächsen ausgeräumt wären. Über den Erfolg entscheidet eine Vielzahl von Faktoren mit, und daß die Bedingungen für bestimmte, empfindliche Arten unzureichend sind, merkt man meist erst im Nachhinein. Auf keinen Fall sollte man die Ausführung an den preiswertesten Anbieter vergeben, der mit Wintergärten noch keine Erfahrungen gesammelt hat und einen prächtigen, aber für diesen speziellen Zweck nicht funktionstüchtigen Glasbau hochzieht. Verglasung, Heizung, Lüftung und Schattierung, eventuelle Steuergeräte für Temperatur und Bewässerung sind nur einige Punkte, die bereits vorab bedacht und entsprechend den Verhältnissen vor Ort berücksichtigt werden müssen. Denn anders als das Gewächshaus ist der Wintergarten ja nicht ausschließlich für die Pflanzen, sondern auch als grünes Wohnzimmer vorgesehen.

Schicker Wintergarten, in dem sich die Bepflanzung auf ein paar dekorative Kübelgewächse beschränkt. So präsentiert sich der Glasbau eher als verlängertes Wohnzimmer, …

Aufenthalt für Menschen und Pflanzen

In der Regel soll während der kalten Jahreszeit im Wintergarten keine mollige Wärme herrschen, er wird meist nur soweit beheizt, daß sich keine Minusgrade einstellen. Unter diesen Umständen lassen sich Pflanzenliebhaberei und die Nutzung als Aufenthaltsraum in der Übergangszeit gut vereinen, sofern man sich nicht auf ganz bestimmte, an exakte Temperaturverhältnisse gebundene Tropengewächse spezialisiert hat. Ansonsten ist ein frostfreier bis temperierter Wintergarten das ideale Quartier für alle Kübelbewohner, die uns lieb geworden sind. Während sie an einem kalten, vielleicht auch noch düsteren Ruhestandort ihre Blätter abwerfen und die winterliche Durststrecke gerade noch überstehen würden, kann man sie im Glashaus durchkultivieren, bei vielen mit Blüten oder sogar Früchten rechnen, von ausgesprochenen Winterblühern, die in unseren Sommern im Freien überhaupt nicht in Flor kommen würden, ganz zu schweigen.

Wie dieses überdachte grüne Zimmer eingerichtet und möbliert wird, hängt vom Geschmack der Benutzer, den finanziellen Möglichkeiten, der Größe und dem Zuschnitt des Raums und seiner Bestimmung ab. Da man es hier fast immer mit erhöhter Luftfeuchtigkeit zu tun hat, ist bei

… während ein Wintergarten dieser Art wie eine Fortsetzung des Gartens wirkt: Weinrebe und Bambus, in Grundbeete gepflanzt, bilden eine grüne Kulisse, Oleander in Kübeln sorgen für Farbtupfer. Zum rustikalen Sitzmöbel paßt der ansprechende Holzbodenbelag, der allerdings nicht ganz pflegeleicht ist, wenn er auf Dauer ansehnlich bleiben soll

Möbeln und empfindlichen Gebrauchsgegenständen Vorsicht geboten, besonders wenn die Heizung in der kalten Jahreszeit gedrosselt wird. Bei der Auswahl des Bodenbelags sollte bedacht werden, daß durch Bewässerung, Düngung und Schnitt der großen Pflanzen mehr Schmutz anfällt als auf dem Fensterbrett im Wohnzimmer. Häufig finden deshalb robuste Materialien wie Ziegelklinker oder auch Natursteinplatten, die man direkt auf Sand verlegt, Verwendung. In der Regel wird man das vielfältige Grün in die Nähe der Glasfronten rücken, eine vorgesehene Sitzgruppe oder einzelne Stühle mehr ins Zentrum oder an den Eingang zum Wohnbereich stellen. Der Platz läßt sich durch hübsche Fliesen, ein in Mustern gelegtes Holzdeck oder einen Teppich optisch herausheben oder mit Solitärpflanzen in attraktiven Kübeln und Töpfen in eine gründurchwirkte Laube verwandeln. Stimmen die Lichtverhältnisse, ist aber auch eine Ruhe- und Aufenthaltsecke direkt an den Scheiben mit Blick auf den Garten reizvoll. Ausschlaggebend für die Ausstattung und Gestaltung ist immer der Hauptzweck des Wintergartens: Soll er in erster Linie als »botanischer Garten« dienen, in dem man seinem grünen Hobby nachgeht, oder ist er vorwiegend Aufenthaltsraum mit Pflanzen als Dekoration?

Gemauerte Pflanzwannen erlauben im Wintergarten wie auf der Terrasse vielfältige Gestaltungsmöglichkeiten

Pflanzenquartiere im Wintergarten

Von dieser Zweckbestimmung hängt es auch ab, wie man die Gewächse unterbringt, ob ausschließlich Gefäße gewählt werden oder Grundbeete für erhöhten Komfort der grünen Gäste sorgen. Frei im Boden wachsend, sehen Pflanzen immer am natürlichsten und attraktivsten aus, diese Lösung hat im mehr oder weniger beengten Glasbau aber auch einige Nachteile.

Hohe oder buschig wachsende Exoten, die sich bei nahezu ungehemmter Wurzelentwicklung schon bald an ihre ursprüngliche Größe erinnern, bereiten unter Umständen beträchtliche Pflegeprobleme, verstricken sich mit den Nachbarn sowohl über der Erde als auch im Boden, verstellen die Sicht nach draußen und behindern das Säubern der Scheiben. Auswechseln, Umstellen und Neugruppieren ist, wenn überhaupt, ohne Schädigung kaum möglich. Auch Pflanzenschutzmaßnahmen, für deren wirksame Durchführung eine Quarantäne nötig wäre, werden erschwert. Alternativ könnte es sich als praktischer erweisen, bei der Topfkultur zu bleiben, die Behälter aber bodengleich in die Grundbeete einzusenken. Ebenso kann man mit Gewächsen in gemauerten Pflanzwannen verfahren, wie sie bereits für die Terrasse empfohlen wurden.

Auch bei der Installierung eines Wassergartens kann man sich am Terrassenbeispiel orientieren. Mit dem Unterschied allerdings, daß sich im temperierten Wintergarten die Palette der Pflanzen um viele nicht kältebeständige Arten erweitern läßt. Tausendblatt *(Myriophyllum*-Arten), Amerikanische Wasserschraube *(Vallisneria americana)* als Unterwasserpflanze, Moosfarn *(Azolla*-Arten), Wasserhyazinthe *(Eichhornia crassipes)* oder die Muschelblume *(Pistia stratiotes)*, auch Wassersalat genannt und viele andere mehr gedeihen hier ohne Schwierigkeiten.

Intim: der Innenhof

Begrünte Höfe haben in ländlichen Gegenden eine lange Tradition, in städtischen Altbauten stellt ein Innenhof oft die einzige Möglichkeit für Grün am Haus dar. Bei vielen Häusern neueren Datums ist solch ein besonderes »Zimmer« nicht vorgesehen, kann jedoch auf recht einfache und reizvolle Weise direkt hinterm Haus geschaffen werden. Die hier aufgezeigten Lösungen und Anregungen für dieses Unterfangen lassen sich natürlich auch auf bereits bestehende Höfe anderer Art übertragen.

Bei manchen Wohngebäuden schließt sich an die Rückseite des Hauses ein sogenannter Wäschetrockenplatz an, eine mit Platten belegte Fläche, die für den vorgesehenen Zweck oft zu groß ist und sich schon bald als ungenutzter Raum erweist. Aber auch wenn sich das Problem der Flächennutzung nicht stellt, wenn man nach etwas Neuem, nach interessanten Gestaltungsmöglichkeiten sucht, bietet sich hier die Idee eines Innen- oder Atriumhofs an. Dabei werden die Seitenwände des Hauses als Fluchtlinien weitergeführt, entweder in Form etwa brusthoher Mauern oder einfach mit dicht belaubten Sträuchern bzw. als Formhecke. Man erhält dadurch einen zusätzlichen, weitgehend abgeschlossenen Gartenraum, der sich auf vielfältige Weise nutzen und »einrichten« läßt.

Bekommt der Platz eine ummauerte Einfriedung, kann man zur Begrünung Kletterpflanzen einsetzen, die man bei einer gepflasterten Fläche in große Kübel oder nach Entfernen einiger Platten direkt in den Boden pflanzt. Eine andere Möglichkeit besteht darin, die Klimmer und Schlinger außerhalb der Ummauerung in gewachsenen Boden zu setzen und Rankgerüste auf der Mauerkrone zu installieren. Werden quer über den Hof feste Drähte gespannt, an denen Wilder Wein seine Kletterkünste unter Beweis stellen kann, entsteht hier im Laufe der Zeit eine grüne Laube mit flammend rotem Dach im Herbst.

Soll der Bodenbelag längs der Mauern oder Sträucher erhalten bleiben, braucht man auf eine reichhaltige Wunschbepflanzung keineswegs zu verzichten. Erhöhte Beete, von Natursteinen eingefaßt, bieten Sommerblumen, Stauden und Kleingehölzen genügend Wurzelraum und schaffen eine intime, beschauliche Atmosphäre. Wer strenge, geometrische Formen bevorzugt, kann auch Ziegelsteine oder Betonelemente verwenden, die in den unterschiedlichsten Ausführungen im Baustoffhandel erhältlich sind.

Durch die Farbabstimmung und das geschickte Gruppieren der Sommerblumen und Kübelpflanzen wird hier mit einfachen Mitteln viel Wirkung erzielt. Kleines Bild: Hänge- und Ampelpflanzen sind eine charmante Innenhof-Zierde

So kann man einen tristen Wäschetrockenplatz in einen bezaubernden Innenhof verwandeln: verschieden hohe Mauersegmente als Umfriedung, zum Garten hin ein berankter Durchgang aus Kanthölzern; ein Hochteich ziert die sonnigste Stelle, und natürlich finden sich jede Menge Einsatzmöglichkeiten für Sommerblumen, Kübelpflanzen und Klettergehölze

Der Teich im Hof

Ebenso wie Kletterpflanzen einem Gartenhof Intimität ver-leihen, steigert Wasser das Wohlbefinden, nicht nur das der Benutzer, sondern auch das der Gewächse, weil es die Luft-feuchtigkeit erhöht und eine gewisse Kühle an heißen Sommertagen spendet. Nun läßt sich auf dem meist doch sehr beengten Raum kein naturnaher Folienteich mit bepflanztem Randbereich anlegen, dafür gibt es jedoch andere, außerordentlich reizvolle Möglichkeiten, ähnlich denen, die bereits bei der Terrasse genannt wurden.

Man könnte sich beispielsweise für ein streng formales, langgestrecktes oder quadratisches Becken entscheiden, das sich, mit Folie ausgelegt, bodengleich in der Mitte oder an einer der Seiten des Hofs befindet. Der kleinen Fläche ent-sprechend nur sparsam mit Seerosen, einigen Zwergrohr-kolben oder einem Pfeilkraut besetzt, wird das stille Wasser zum bestimmenden Element des abgeschiedenen Areals. Geschickt installierte Leuchten sorgen an milden Sommer-abenden für Licht- und Schattenspiele, Blütenpflanzen schicken ihre Düfte ins umschlossene Geviert.

Eine andere Möglichkeit für Wasser im Innenhof wäre der sogenannte Hochteich. Dazu braucht man weder Spaten noch Schaufel, und auch ein eventuell vorhandener Boden-belag bleibt, wo er ist. Erforderlich sind lediglich einige starke Vierkanthölzer bzw. Bohlen, die man im Rechteck oder Quadrat übereinanderschichtet und, falls erforderlich, übereck mit Krampen fixiert. Diese stabile Ummantelung wird dann mit Teichfolie ausgelegt; um das Material zu schonen, empfiehlt sich zuunterst eine etwa 5 cm dicke Sandschicht, auf der die Kunststoffbahn plan aufliegen muß. Sofern sie nicht irgendwo durchhängt, wird die unter den obersten Balken geschobene Folie bombenfest gehalten. Wichtigste Voraussetzung für die Stabilität einer derartigen Konstruktion: Die Bohlen müssen so schwer sein, daß sie dem Wasserdruck widerstehen. Außerdem sollten die Dimensionen beachtet werden. Damit der Teich nicht wie ein unförmiger Klotz wirkt, darf er nicht zu hoch gebaut werden, je kleiner die ihn umgebende Hoffläche, desto niedriger muß er sein.

Auf dem Rand der Beckenkonstruktion lassen sich hübsche Pflanzgefäße ebenso unterbringen wie die eine oder andere dekorative Figur, auch ringsherum ist Platz für Töpfe und Kübel mit Gewächsen, die allerdings den Blick auf den Teich nicht völlig verstellen sollten. Oder sind Sie Kak-teenliebhaber? Dann können Sie vielleicht eine Ecke des Atriums für eine Wüstenlandschaft en miniature reservie-ren, durch Steine oder Holzbohlen eingegrenzt. Ein flacher Sandhügel wird mit einem knorrigen Wurzelstück, kanti-gen Gesteinsbrocken und, falls notwendig, einigen Tritt-platten, die die Pflege erleichtern, zu einem Beet hergerich-tet. Die Kakteen und andere Sukkulenten beläßt man in ihren Töpfen, was die Wirkung nicht weiter stört, da die Gefäße bis zum Rand in den Sand eingesenkt werden.

Einfriedungen mit Durchblick

Das ganze ummauerte Innenhof-Szenario läßt sich bei benachbartem Garten noch reizvoller gestalten, wenn man die Einfriedung mit Durchgängen versieht, die den Blick auf das dahinter liegende Grün freigeben. Ähnlich einer Türzarge kann man die Öffnungen rechts und links mit starken Vierkanthölzern rahmen, was gefälliger aussieht als der blanke Stein. Wird darüber noch ein Querholz mit senkrecht dazu stehenden Reitern befestigt, entsteht gleich-zeitig ein ideales Gerüst für Rankpflanzen. Nach einiger Zeit sind derartige Durchgänge dicht begrünt, und der beschauliche, abgeschirmte Platz ähnelt einer lauschigen Laube.

Mit Hilfe von Vierkanthölzern läßt sich eine weitere, sehr interessante Variante bewerkstelligen, indem man die Mau-er in einzelne Segmente einteilt, die durch senkrechte Vierkantbalken voneinander abgesetzt sind. Die Einfrie-dung wirkt lockerer, wenn die Mauerkrone zwischen den Trennhölzern eine unterschiedliche Höhe aufweist, also abgestuft verläuft. Das eine Mal kann man die Steine bis zur vorgesehenen Basishöhe aufmauern, im Segment dane-ben bleiben sie deutlich darunter und so fort. Am besten geht das anhand einer maßstabsgetreuen Zeichnung, in der die jeweiligen Höhen eingetragen werden. Südliches Flair erhält die Anlage, wenn man die Mauern später mit einem blendend weißen Anstrich versieht.

Grüne und farbenfrohe Teppiche

Daß beim Einrichten des Wohngartens der »Boden-belag« eine entscheidende Rolle spielt, versteht sich von selbst. Entsprechend dem Charakter dieses Gartentyps, der zu einem guten Teil Raum für Spiel und Geselligkeit bieten soll, wird der grüne Teppich, der Rasen also, unabdingbar sein und sich in vielen Bereichen kaum durch eine bunte, auf Betreten empfindlich reagierende Wiese ersetzen lassen. Dennoch muß und sollte man gerade im Wohngarten nicht auf das Naturschauspiel Wiese verzichten, wie in diesem Kapitel gezeigt wird. Betrachten wir jedoch zunächst den Rasen etwas näher; auch wenn er durch-weg grün ist, hat er verschiedene Varianten mit unter-schiedlicher »Wohneignung« zu bieten.

Der Vielzweckrasen

Es ist noch gar nicht so lange her und auch heute noch häufig so: der kurzgeschorene, unkrautfreie Zierrasen als Herzstück des Gartens. Im Grunde genommen ist gar nichts dagegen einzuwenden, solange der grüne Teppich nicht als purer Selbstzweck, mit dem Schild »Betreten verboten« versehen, angelegt wird. Im Wohngarten hat der Rasen viel mehr als rein optische Funktionen zu erfüllen, kann aber nichtsdestoweniger über manche gestalterische Hürde hinweghelfen. Denn die grüne Fläche, ob klein oder groß, ist fast immer zentral gelegen und bietet sich zur Umrahmung mit Blumen oder Gehölzen geradezu an. Die Farbe der Gräser stößt sich an keinem anderen Ton der Umgebung, zumal sie als Fläche wirkt, auf der sich das Auge vom vielen Schauen ausruht, von bunten Eindrücken erholt.

Es kann übrigens gut sein, daß die vormals beherrschende Rasenpartie von Jahr zu Jahr kleiner wird und sich schließlich auf einige grüne Kleckse reduziert – spätestens wenn die Kinder größer werden und andere Interessen entwickeln, als im Garten herumzutollen. Erfahrungsgemäß ist der grüne Teppich das erste, was weichen muß, wenn neue Gartenideen verwirklicht werden, wie beispielsweise die Unterteilung in mehrere Räume, die durch Strauchwerk, eine Pergola oder Rankgerüste voneinander zu trennen sind; wenn die Staudenrabatte vergrößert, ein Rundbeet mit Natursteinmäuerchen errichtet, ein besonders schöner Solitärstrauch gepflanzt werden soll. Es gibt unzählige Möglichkeiten von Neu- und Umgestaltungen, bei denen der einstmals so geschätzte Rasen im Weg ist.

Jeder Garten lebt schließlich von der Veränderung; entweder hervorgerufen durch seinen Besitzer, oder er nimmt diesen Wandel aus eigener Initiative vor: Bäume und Sträucher werden größer, und wo einstmals die Sonne den ganzen Tag über schien, gibt sie später nur noch Gastspiele, was zwangsläufig zu Korrekturen der ursprünglichen Bepflanzung führen muß. Meist ist das der Anstoß, schon lange gehegte Pläne zu verwirklichen und ganze Partien umzukrempeln.

Grasmischungen des Typs »Gebrauchsrasen« sind für den Wohngarten am ehesten geeignet; bei mäßiger Beanspruchung tut's auch der sogenannte »Zierrasen«

Wenn man ein paar grundlegende Regeln der Rasenpflege beachtet, toleriert der grüne Teppich das Treiben aller Gartenbewohner

Rasen zum Strapazieren und Spielen

Man kann den grünen Teppich im Garten in drei große Kategorien unterteilen: Zierrasen, Gebrauchsrasen und Strapazierrasen. Wenn man den Zierrasen als Rasen für höchste Ansprüche definiert und Strapazierrasen mit Sportplatzrasen gleichsetzt, bleibt für den Wohngarten eigentlich nur der Gebrauchsrasen übrig. Natürlich sind diese Eingrenzungen variabel, denn ein robuster, nicht streng auf Repräsentation getrimmter Zierrasen läßt sich genausogut kurzfristig als Liegewiese oder zum Austragen von interfamiliären Tischtennisturnieren nutzen, man kann Kricket auf ihm spielen und sogar mal ein Fußballmatch austragen – in Ausnahmefällen, versteht sich.

Der Zustand des Rasens läßt sich im übrigen durch Pflegemaßnahmen einigermaßen steuern; wenn man das Grün nicht völlig sich selbst überläßt und wenn es wenigstens einige Stunden am Tag von der Sonne beschienen wird, hält es einiges an Strapazen aus. Bei starker Beanspruchung kann es sich unter diesen Voraussetzungen und nach einer zugestandenen Ruhepause bald wieder erholen. Zur Pflege gehört vor allem wöchentliches Mähen, außerdem eine Nährstoffgabe im April, sofern ein lange wirkender, speziell für den Rasen entwickelter Depotdünger verwendet wird. Andere Mehrnährstoffdünger streut man noch einmal im Juni aus. Nach Anfang August sollte kein Dünger mehr gegeben werden, weil die Gräser sonst zum Winter hin so gut »im Saft« stehen, daß ihre Widerstandskraft gegen die Unbilden der kalten Jahreszeit geschwächt ist; die umstrittene Herbstdüngung muß Rasenspezialisten vorbehalten bleiben, die für diesen Fall ihre besonderen Mischungsrezepte haben.

Wo sich eine Dauerbeanspruchung des Rasens nicht vermeiden läßt, zum Beispiel unter einer Schaukel oder wenn den Sommer über regelmäßig Tischtennis gespielt wird, kann man sich mit sogenannten Rasenschutzmatten behelfen, die der Gartenhandel anbietet. Es handelt sich dabei um grün eingefärbte Kunststoffgitterelemente, die im Baukastensystem leicht miteinander zu verknüpfen sind. Sie können den ganzen Sommer über auf dem Rasen liegen bleiben oder auch nur kurzfristig bei Bedarf verwendet werden.

Rasen zum Faulenzen

Beim »Ruherasen« ist davon auszugehen, daß die Fläche von Dauerbelastungen verschont bleibt, keiner Regenerationsphasen bedarf und kontinuierliche Pflege erhält. Vielleicht wird stundenweise ein Liegestuhl etabliert, eine Decke zum Ausruhen ausgebreitet, ein Tisch mit einigen Stühlen darauf gestellt. Hunde können ruhig herumtollen, sofern sie nicht der Grabeinstinkt überkommt, auch Meerschweinchen tun dem Wohlbefinden der Gräser keinen Abbruch, wenn man das Laufgehege immer wieder ein Stück weiter rückt. Wir haben es also eher mit dem Typ Zierrasen zu tun, gutmütig, solange man ihn nicht überfordert, aber dennoch so gut und sattgrün im Aussehen, daß er Rosen ringsum, Blumenrabatten, kurz das Flair eines liebevoll gepflegten Gartens mit trägt.

Das Golfgreen

Das Golfgreen als tipptopp gepflegter »Super-Zierrasen« paßt in den bewohnten Garten ebensowenig wie der struppige Landschaftsrasen – außer man weist ihm einen kleinen, separaten Platz zu, vielleicht um einer edlen Statue oder Skulptur das angemessene Ambiente zu verschaffen oder die Wirkung eines sanft rieselnden Quellsteins in einem Kiesbett zu erhöhen. Zum makellosen Green bedarf es freilich einer speziellen Rasenmischung aus feinsten Grasarten und -sorten, eines Walzenmähers, der die Halme in relativ kurzen Intervallen fast auf Bodenniveau abrasieren muß, und eines Sprengers in unermüdlichem Einsatz bei Trockenheit. Düngen ist in diesem Fall eine Wissenschaft für sich, die man freilich bald erlernt hat, denn der Wuchs darf auf keinen Fall aus Nährstoffmangel ins Stocken geraten. Wie gesagt: Das Green ist etwas ganz Besonderes, sozusagen die Primadonna unter den Rasentypen, mit entsprechenden Empfindlichkeiten.

Oder lieber eine Wiese?

Es war schon mit einer kleinen Revolution im Garten zu vergleichen, als vor vielen Jahren die bunte Blumenwiese an Stelle des Rasens propagiert wurde. Und alles schien so einfach: Der Samenhandel bot Mischungen aus Rasengräsern und Wildblumen an, gedacht für all diejenigen, die eine Neuanlage planten. Etwas später gab es dann Wiesenblumen pur in Samentütchen, damit auch bereits bestehender Rasen in einen blühenden Naturgarten umgewandelt werden konnte. Die Blumenwiese lag voll im Trend des biologischen Gärtnerns, sie entsprach der immer lauter erhobenen Forderung, endlich etwas für die bedrohte Natur zu tun, auch und vor allem um die eigenen vier Wände herum. Das Experiment ging prompt daneben, die Wildblumenversammlung am Eigenheim fand nicht statt. Man hätte es eigentlich wissen müssen. Denn Blütengewächse vom Wegesrand, von der Waldlichtung, von trockenen Hängen oder aus feuchten Niederungen zeigen schon durch ihre unterschiedlichen Standorte an, daß sie nicht überall wachsen, wie manche Unkräuter es tun – genaugenommen tun es ja nicht einmal diese. Doch gerade Gartenbesitzer sind ehrgeizig in der Verfolgung einmal gesetzter Ziele, und über Jahre des Experimentierens und Probierens hinweg wurde dann doch noch etwas aus der Wildblumenwiese am Haus, zwar nicht in der ganzen Vollkommenheit der erträumten immerwährenden Blütenpracht – aber immerhin. Bescheiden geworden, fanden sich die Hobbygärtner mit den Eigenheiten der aus der Natur zwangsemigrierten Gewächse ab, die nun einmal keine Dauerblüher sind; manche von ihnen geben nur ein kurzes Gastspiel, um dann auf Nimmerwiedersehen zu verschwinden, andere setzen ein, zwei Vegetationsperioden lang aus und sind plötzlich wieder da, oft in Gesellschaft neuer Nachbarn, von denen man gar nichts wußte.

Lebhafte Bereicherung

Ohne Geduld läuft nichts bei einer Blumenwiese. Daß sie aber jedes Jahr mit neuen Überraschungen aufwartet, stimmt versöhnlich. Sie bietet ihre Reize in Raten dar, läßt sich ins Blühgeschäft kaum hineinreden und tut letztlich doch, was sie will. Während unsere Gartenblumen für ganz spezielle Zwecke gezüchtet wurden, die man bereits beim Pflanzen- oder Samenkauf kennt und auf die man sich einstellen kann, sind die Gewächse der Wiese eine Generalversammlung von Individualisten mit unterschiedlichen Ansprüchen.

Da die Blumenwiese nur einmal, im September, oder zweimal, im Juli und September, gemäht wird, die meiste Zeit des Vegetationsjahrs also ziemlich hoch ist, verbietet sich ein Betreten von selbst. Außerdem kann niemandem daran gelegen sein, die mühsam erreichte Blütenvielfalt herunterzutrampeln. Ist diese Mischung aus Gräsern und Blumen also nichts für den Wohngarten? Ganz im Gegenteil, denn vom Teich vielleicht einmal abgesehen, ist die Wiese als prallvoller Lebensraum konkurrenzlos und zieht mit ihrem Insektenkosmos auch andere Tiere an. Wird mit dem Rasenmäher ein stets kurz zu haltender Pfad in die Wildnis geschnitten, kann man diese bei genauer Beobachtung quirlige Vielfalt aus nächster Nähe betrachten, sich an Schmetterlingen, Erdhummeln, Bienen, Flor- und Schwebfliegen, Käfern erfreuen, die man sonst selten zu Gesicht bekommt. Wo es sich verbietet oder unerwünscht ist, der Wiese eine größere Fläche einzuräumen, braucht man auf dieses bodennahe Naturschauspiel dennoch nicht zu verzichten. Denn vielleicht findet sich ja hier oder dort ein sonniges Plätzchen für ein Mini-Wildblumenquartier, eine kleine Wiesenlandschaft also, die nicht weiter stört, aber ebenfalls ein Eldorado für allerlei Insekten darstellt.

Eines freilich darf in diesem Zusammenhang nicht verschwiegen werden: Mit den Wildblumen und -gräsern hat man sich sozusagen eine lebende, zu jeder Zeit gefüllte Samentüte in den Garten geholt, die ihren Inhalt freigebig über das ganze Gelände verstreut. Wer das weiß und sich nicht weiter daran stört bzw. öfter als üblich jätet, wird damit gut leben können; ob jedoch die Nachbarn ebenso tolerant sind, steht auf einem anderen Blatt.

So wird die Wiese angelegt

Es gibt zwei Möglichkeiten, zu einer Blumenwiese zu kommen: eine völlige Neuanlage oder das Umfunktionieren schon bestehenden Rasens in ein Wildblumenquartier. In beiden Fällen sollte die Fläche mindestens ein Jahr lang nicht gedüngt werden, denn auch frisch aufgetragener Mutterboden enthält meist noch zuviele Nährstoffe, die zunächst einmal vom Regen ausgewaschen werden müssen. Bei der Aussaat einer fertig gekauften Blumenwiesenmischung aus dem Samengeschäft – sie enthält meist zwischen 30 oder 40 verschiedene Blumen und Kräuter – geht man genauso vor wie bei der Neuanlage eines Rasens. Nur muß hier noch mehr darauf geachtet werden, daß die keimende Saat stets feuchten Boden hat und nicht austrocknet. Man läßt den Regner am besten also gleich an Ort und Stelle stehen. Hat sich die Wiese einmal etabliert, braucht sie keine zusätzliche Beregnung mehr.

Damit es schon im ersten Jahr der Anlage Blühendes zu bewundern gibt, sind den Mischungen einjährige wilde

Bei manchen Grundstücken ergibt sich zwischen seitlicher Grundstücksgrenze und Straßenfront ein »toter Winkel« hinterm Haus – bei hinreichender Besonnung ein idealer Platz für ein Fleckchen Blumenwiese, das sich schnell mit Leben füllt

Bunte Blumenwiese, aus einer Samenmischung entstanden; die Farbpracht wird nicht in jedem Jahr zu bewundern sein, mit der Zeit ändert sich die Pflanzenzusammensetzung

Feinstrahl (violett), Indianernessel (rot) und Kokardenblume (gelb-rot) geben in dieser fröhlich-bunten Staudenwiese im Sommer den Ton an

Ackerblumen wie Kamille, Kornblume oder Klatschmohn beigegeben, die nach einmaligem Flor wieder verschwinden. Zu Selbstaussaat und Weiterbestand dieser Gewächse kommt es meist nicht, weil der Samen selten ausreifen kann bzw. keinen freien Fleck mit Bodenkontakt findet oder weil die Pflänzchen nach dem Aufgehen der Wurzelkonkurrenz robuster Nachbarn erliegen; dafür erscheinen in den Jahren nach der Anlage andere Wildblumen der Mischung, bestimmt aber Gänseblümchen und Margeriten.

Bei schon bestehendem Rasen muß die Narbe vor der Einsaat der Blumenwiesenmischung mit einem Vertikutierer aufgerissen werden. Nach der Saat kann man mit Sand vermischte Erde dünn über die Fläche streuen. Auch hier ist für stete Feuchtigkeit zu sorgen. Später, wenn sich das Blühen als zu spärlich erweist, lassen sich dazugekaufte Wildgewächse nachpflanzen. Allen anderslautenden Hinweisen zum Trotz kann übrigens auch die Blumenwiese einmal im Jahr gedüngt werden, am besten gleich nach dem Mähen. Der Dünger muß allerdings arm an Stickstoff sein und sollte eine Langzeitwirkung haben. Gut geeignet für diesen Zweck ist Kompost.

Die Staudenwiese

Bei der Staudenwiese handelt es sich um eine flächige Pflanzung farbenfroher, ausdauernder Blüher mit Wildstaudencharakter, die ohne festes Schema und ziemlich dicht in den Boden kommen und sich an sonnigen bis stundenweise leicht beschatteten Standorten wohl fühlen. Einzige Kon-

zession an ein Gestaltungsprinzip: Die Fläche sollte, je nach Größe, von schmalen Pfaden durchzogen und auf diese Weise in Segmente aufgegliedert sein, damit man Blumen für die Vase schneiden und notwendige Pflegearbeiten durchführen kann. Bei kleineren Anlagen tun es auch einzelne Trittplatten, die man so legt, daß die wichtigsten Bereiche zugänglich sind.

Dem Charakter der Pflanzung entsprechend hält man die Wege schmal und vermeidet einen schnurgeraden Verlauf; leichte Schwünge sehen natürlicher und gefälliger aus. Die Pflege beschränkt sich auf gelegentliches Ausstreuen von Kompost, Auslichten zu dicht stehender, wuchernder Horste oder das Entfernen von Sämlingswildwuchs; er läßt sich außerdem etwas eindämmen, indem man verwelkte Blüten bzw. Samenstände entfernt. Manche Arten, wie Rittersporn oder Margeriten, blühen im Spätsommer/Herbst ein zweites Mal, wenn man verwelkte Blüten eine Handbreit über dem Boden abschneidet.

Wieweit bei der Anlage einer Staudenwiese auf farbliche Übereinstimmungen oder Kontraste geachtet werden sollte, ist Ansichtssache. In der freien Natur stört sich das Auge nicht an willkürlichen Zusammenstellungen, die man bei planvoller Gestaltung vermeiden würde; die Staudenansammlung könnte allerdings gewinnen, wenn hier und da Gräser als »Abstandshalter« für Auflockerung und eine gewisse Gliederung sorgten. Doch auch darüber muß jeder selbst entscheiden. Die nebenstehenden Tabellen zeigen, geordnet nach Jahreszeiten, ein paar Pflanzvorschläge.

Frühlingsblüher für die Staudenwiese

Deutscher Name	Botanischer Name	Wuchshöhe in cm	Blütenfarbe
Tränendes Herz	*Dicentra spectabilis*	80	rosa, weiß
Gemswurz	*Doronicum orientale*	40	gelb
Märzenbecher	*Leucojum vernum*	25	weiß mit grünem Fleck

Tränendes Herz (Dicentra spectabilis)

Sommerblüher für die Staudenwiese

Deutscher Name	Botanischer Name	Wuchshöhe in cm	Blütenfarbe
Glockenblumen	*Campanula*-Arten	60–100	blau, weiß
Flockenblume	*Centaurea montana*	40	blau
Spornblume	*Centranthus ruber*	60	rosa
Margeriten	*Chrysanthemum*-Arten	bis 80	weiß, rosa, rot
Rittersporn	*Delphinium*-Hybriden	bis 140	blau, weiß
Feinstrahl	*Erigeron*-Hybriden	60	rosa, violett
Kokardenblume	*Gaillardia*-Hybriden	60	rot
Sonnenbraut	*Helenium*-Hybriden	100	gelb, orange, braunrot
Indianernessel	*Monarda*-Hybriden	100	rot
Nachtkerze	*Oenothera tetragona*	40–60	gelb
Salbei	*Salvia*-Arten	60	blau

Sonnenbraut (Helenium-Hybride)

Herbstblüher für die Staudenwiese

Deutscher Name	Botanischer Name	Wuchshöhe in cm	Blütenfarbe
Bergaster	*Aster amellus*	50	rosa, blau, violett
Kissenaster	*Aster dumosus*	30–50	weiß, rosa, violett, blau
Herbstanemone	*Anemone hupehensis* var. *japonica*	60–100	weiß, rosa, lilarosa
Sonnenhut	*Rudbeckia*-Arten	60–200	gelb, karmin
Goldrute	*Solidago*-Hybriden	80	gelb

Herbstanemone (Anemone hupehensis var. japonica)

Das hölzerne Gerüst

Ein Garten ohne Bäume, ohne Sträucher ist eigentlich undenkbar – wobei man hinzufügen muß, daß auch die für viele unverzichtbaren Rosen zu den Gehölzen gehören. Die Vielfalt dieser Pflanzengruppe erweist sich als so unerschöpflich, die Verwendungsmöglichkeiten sind so zahlreich, daß man nur einzelne Details für Empfehlungen herausgreifen kann und Anregungen zwangsläufig Stückwerk bleiben müssen. Bei Gewächsen, die leicht Jahrzehnte überdauern können und sich ab einem bestimmten Alter kaum noch verpflanzen lassen, will die Auswahl natürlich gut überlegt sein. Erste Vorgaben zeichnen sich durch den Zuschnitt des Gartens ab: Größe und Umfang des ausgewachsenen Gehölzes sind ausschlaggebende Entscheidungskriterien. In einem dichtbesiedelten Wohngebiet käme wohl niemand auf die Idee, sich eine 30 m hohe und bis zu 15 m breite Roßkastanie in den Vorgarten zu setzen – ganz abgesehen davon, daß dies schon am Einspruch des Ordnungsamts und wahrscheinlich auch der Nachbarn scheitern würde. Auch die Anpflanzung der vielgeliebten Birken sollte man sich reiflich überlegen: Wegen des starken Laub- und Blütenstaubfalls ist es bereits zu einer Reihe von gerichtlichen Auseinandersetzungen gekommen, außerdem schaffen diese Flachwurzler auch im eigenen Garten Probleme, weil in ihrer unmittelbaren Nachbarschaft kaum etwas wächst.

Laubgehölze: saisonale Höhepunkte

Im heutzutage räumlich meist doch eher begrenzten Wohngarten sind es vor allem die Sträucher oder kleinen Bäume, an denen sich die Gesamtgestaltung orientiert. So wie der Rasen im Zentrum liegt, begrenzen Gehölze den Garten nach außen, prägen also vor allem die Randbereiche. Mit ihnen schafft man sich den grünenden, blühenden Rahmen, der alles andere umgibt und abschirmt.

Blütensträucher

Natürlich hätte man am liebsten Sträucher, die von Frühjahr bis Herbst unermüdlich ihre Blüten öffnen – ein leider unerfüllbarer Wunsch. Allerdings gibt es einige Gehölze, die verhältnismäßig lange, oft über einige Monate hinweg blühen bzw. mit einer Nachblüte noch einmal in Flor gehen. Dazu gehört beispielsweise die Abelie *(Abelia x grandiflora)*, die ihre weißrosa Blüten von Juli bis Oktober zeigt. Der halbimmergrüne, bis 2,50 m hohe Strauch braucht allerdings einen warmen, geschützten Platz und eventuell leichten Winterschutz. Der Schmetterlingsstrauch *(Buddleja davidii)* blüht mit seinen verschiedenen Sorten in Weiß, Rot und Blau von Juni bis August und wird 3–4 m hoch;

die Bartblume *(Caryopteris*-Arten und -Hybriden), mit 1 m recht niedrig bleibend, erfreut von Juli bis Oktober mit blauen Blütenbüscheln; der Ranunkelstrauch *(Kerria japonica)*, 1–2 m hoch, blüht gelb von April bis August. Nicht zu vergessen ist in diesem Zusammenhang der Spierstrauch *(Spiraea-Bumalda*-Hybriden), 0,50–1 m hoch, mit weißen, rosafarbenen oder roten Blüten von Juni bis August.

Was das Blühen betrifft, hat der Frühling im Garten immer eine Sonderstellung eingenommen – man sieht es an der Beliebtheit der um diese Zeit überall den Jahresreigen eröffnenden Zwiebelblumen. Eine Etage höher kündet der Flor verschiedener Gehölze das neue Gartenjahr an. Außer Zieräpfeln und -kirschen *(Malus-* und *Prunus*-Arten) mit einer Fülle von Formen und Varietäten seien hier genannt: Schneeball *(Viburnum x burkwoodii)*, 2 m hoch, weißrosa Blüten im März/April; Scheinhasel *(Corylopsis*-Arten), 1–3 m, hellgelbe Blüten im März/April; Blutjohannisbeere *(Ribes sanguineum* 'Atrorubens'), 2 m, rotblühend im April/Mai; Federbuschstrauch *(Fothergilla*-Arten), 1–3 m, gelblichweiße Blüten im April/Mai. Wie Rhododendron nimmt auch der Berglorbeer *(Kalmia latifolia)* mit seinen Sorten eine Sonderstellung im Garten ein, da er ebenfalls sauren Boden und etwas Schatten benötigt, bei ausreichender Feuchtigkeit aber auch an sonnigen Standorten gedeiht. Die in Rot- und Rosatönen strahlenden Blüten des 2–3 m hohen Strauchs öffnen sich im Mai und Juni.

Zierkirschen (großes Bild) gibt es in verschiedenen Arten und Sorten, die rosa oder weiß blühen. An warmen Frühlingstagen lädt der Duft des Schneeball (kleines Bild) zum Verweilen ein

Was andere nur im Herbst hervorbringen, kann der Fächerahorn (Acer palmatum) die ganze Gartensaison über bieten: ansprechend rotes Laub. Sein Verwandter, der Eschenahorn (Acer negundo; kleines Bild) schmückt sich mit grün-gelben Blättern

Blattschmuckgehölze

Reizvolle Zusammenstellungen von Gehölzen sind möglich, wenn man nicht nur auf die Blüten-, sondern auch auf die Blattfarben achtet. Wichtig dabei ist die richtige Mischung, denn es ist dem optimalen Eindruck wenig förderlich, kann sogar stören, wenn man Gehölze mit rotgetönten Blättern nebeneinandersetzt, ohne für einen Kontrast durch Grün zu sorgen. Ein buntes Bild der Laubvielfalt ergibt sich, wo zu Gelb oder Rot Panaschierungen, also aufgehellte Muster im Blattgrün, kommen, wie sie die Sorten des Eschenahorns *(Acer negundo)* vorzuweisen haben. Grün-weiß oder grün-gelb panaschierte Blätter finden sich auch bei der Aralie *(Aralia elata)*, bei den gerade meterhohen Berberitzen *(Berberis thunbergii* 'Kelleris' und 'Silver Beauty')*, beim Hartriegel *(Cornus alba)* und bei den Sorten der Stechpalme *(Ilex aquifolium)*. Wichtigste Träger der roten Blattfarbe sind die zahllosen Sorten der japanischen Fächerahorne *(Acer palmatum* und *A. japonicum)*, gefolgt von verschiedenen Berberitzen, Zieräpfeln und der Kirschpflaume *(Prunus cerasifera)*, ebenfalls in Sorten.

Gehölze mit schöner Herbstfärbung

Wenn der Sommer zu Ende und in den Herbst übergeht, die Blütenfarben der letzten Blumen verblassen, leuchtet der Garten in seinen oberen Etagen fast so eindringlich wie nie zuvor im Jahr auf. Im Schein der tiefstehenden Sonne sieht es aus, als habe ein kühler Wind die späte Glut der Blätter erst richtig entfacht und in Brand gesetzt: goldener Oktober. Nicht alle Gehölze tun dem Auge diesen Gefallen, man muß schon etwas nachhelfen und die richtigen Arten und Sorten aussuchen, die diesen herbstlichen Part übernehmen, der sie zu unbestrittenen Stars der Szene werden läßt.

Natürlich kann man die Auswahl, zumal im kleinen Wohngarten, nicht allein nach der Blattfärbung des späten Jahres treffen; aber schon ein oder zwei Exemplare genügen, um noch einmal einen farblichen Höhepunkt herbeizuzaubern. Obwohl gerade große Baumgestalten wie Ahorne, Buchen oder Eichen in leuchtendrotem oder gelbem Herbstschmuck besonders eindrucksvoll wirken, haben sie im Wohngarten mit seinem beschränkten Raumangebot und Nachbarn ringsum heute nur noch selten eine Daseinsberechtigung. Hier wird man sich, wie schon eingangs gesagt, für Sträucher oder kleinere Bäume entscheiden, die

Viele Hartriegelarten warten mit hübscher Herbstfärbung auf, so auch Cornus sanguinea, der Rote Hartriegel

Die Eberesche hat bereits im Sommer Fruchtschmuck zu bieten, wird allerdings auch recht groß (bis etwa 15 m)

mit ihrer Herbstfärbung nicht weniger ins Auge fallen. Die im folgenden genannten Gehölze liegen in der Höhe alle zwischen 1 und 5 m, passen also auch ins übliche Grün am Haus:

In Rosa, Rot und Gelb leuchtet beispielsweise der Amurahorn *(Acer ginnala)*, während Thunbergs Fächerahorn *(A. japonicum* 'Aconitifolium') seine tief eingeschnittenen Blätter in ein intensives, brennendes Rot taucht. In Gelb, Orange, Rosa und den verschiedensten Rottönen präsentiert sich der echte Fächerahorn *(A. palmatum)* mit seinen vielen Sorten. Bei den Berberitzen *(Berberis*-Arten) herrscht Rot als Herbstfarbe der Blätter vor. Birken *(Betula)*, von denen es auch einige kleinwüchsige Formen gibt, die für den Hausgarten in Frage kommen, sind auf gelbe bis orangefarbene Töne abonniert, der Schneeflockenstrauch *(Chionanthus virginicus)* mischt gleichfalls Gelb in den Herbstgarten. Hartriegelarten *(Cornus alba, C. florida, C. kousa)* leuchten in Orange, Rot und Violett, bei der Zwergmispel *(Cotoneaster*-Arten) sind es wieder Rottöne, die das herbstliche Bild mit bestimmen. Zaubernüsse *(Hamamelis)* zeigen sich in Gelb, Rot und Orange, einige Rhododendren haben ihre herrlichen Blüten spät im Jahr längst vergessen und schalten auf gelbrote, purpurrote und blutrote Blätter um. Scharlachsumach und Hirschkolbensumach bzw. Essigbaum *(Rhus glabra, R. typhina)* fallen im Herbstkleid besonders auf: leuchtend karminrot der eine, orange- bis scharlachrot der andere.

Gehölze mit schmückenden Früchten

Für charakteristische Herbstzierde sorgen vielerorts Wildrosen mit ihren orangefarbenen, vor allem aber rot leuchtenden Hagebutten. Daneben gibt es noch eine Reihe anderer Gehölze, die im Spätsommer und Herbst bunte Früchte zeigen, teilweise sogar in auffälliger Fülle wie die Zwergmispel *(Cotoneaster*-Arten). Bei den meisten ist die vorherrschende Farbe Rot: Berberitze *(Berberis)*, Hartriegel *(Cornus)*, Weißdorn *(Crataegus)*, Seidelbast *(Daphne)*, Spindelstrauch *(Euonymus)*, Stechpalme *(Ilex)*, Feuerdorn *(Pyracantha)*, Eberesche *(Sorbus)* oder Schneeball *(Viburnum)*. Blauschwarze Früchte haben Felsenbirne *(Amelanchier)*, Liguster *(Ligustrum)*, Blaue Heckenkirsche *(Lonicera caerulea)* und Holunder *(Sambucus)*, um nur einige zu nennen. Zugegeben, wenn man an den Blütenflor des Frühlings und Sommers denkt, nimmt sich das alles eher bescheiden aus, und für einen spektakulären Auftritt taugen die meist kleinen Früchte kaum. Aber zur Zeit ihres Erscheinens wird der Aufenthalt draußen ohnehin immer ungemütlicher, und jeder Gartenliebhaber ist schon dankbar, wenn sich irgendwo Farbtupfer zeigen, die vielleicht sogar noch nach dem Laubfall am kahlen Geäst schimmern. Auffällige Fruchtzweige stellen übrigens auch einen hübschen Vasenschmuck dar, sind aber, besonders wenn Kinder Zugang zu ihnen haben, mit äußerster Vorsicht zu handhaben, da viele Früchte Giftstoffe enthalten. Nähere Hinweise zu giftigen Pflanzen finden sich im Kapitel »Ein Platz für Kinder«.

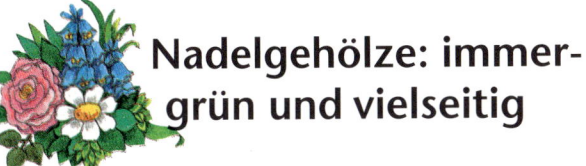

Nadelgehölze: immergrün und vielseitig

Lange gehörten Nadelgehölze zur Standardausstattung des häuslichen Begleitgrüns, im Zuge des Trends zur natürlichen Gartengestaltung sind diese Arten allerdings etwas in Verruf geraten: Zuallererst fehlt ihnen das im Naturgarten geschätzte Laub, das man kompostieren oder als Bodenbedeckung verwenden kann und das von Kleintieren als Unterschlupf, von Vögeln als Schutz beim Brutgeschäft gerne in Anspruch genommen wird. Außerdem entwickeln Nadelgehölze keine Blüten, die zur Anlockung von Insekten geeignet wären, haben demnach alles in allem, so die Naturfreunde, für den Lebensraum Garten ökologisch keine große Bedeutung. Darüber kann man streiten, und Freunden von Koniferen stehen sicher genügend Gegenargumente zur Verfügung. Nebenbei bemerkt: der Begriff »Koniferen«, der gemeinhin als Synonym für Nadelgehölze verwendet wird, bezeichnet nicht ganz dasselbe; im strengen botanischen Sinn sind die Eiben *(Taxus)* zwar Nadelgehölze, zählen aber nicht zu den Koniferen.

Der große und offensichtliche Vorteil von Nadelgehölzen ist ihr rund ums Jahr grünes Nadelkleid, das darüber hinaus die unterschiedlichsten Schattierungen und Farbnuancen aufweisen kann. Größe und Wuchsform sind gleichfalls außerordentlich variabel und reichen von nur 50 cm niedrigen Winzlingen bis zu 100 m hohen Baumriesen, vom Boden fast aufliegenden, breitwüchsigen Strauch oder der schlanken Säule bis zum ausladenden Großbaum mit allem, was dazwischen liegt. Koniferen passen überall hin – wenn sie passen: in den Stein- und Heidegarten, an den Terrassenhang, den Hauseingang und den Vorgarten, hinter oder neben Rosen und Stauden, an die Gartengrenze, sowohl in große Pflanzgefäße wie in Balkonkästen, Tröge, Schalen. Diese Vielfalt der Farben, Formen und Verwendungsmöglichkeiten macht Gestaltungsempfehlungen vom grünen Tisch aus nahezu unmöglich. Doch mit dem grundsätzlichen Hinweis, daß weniger oft besser ist als zuviel, geht man gerade bei Koniferen sicher nicht fehl.

In der Tat trifft man hier und dort auf Wohngärten, in denen Nadelgewächse die einzige Gehölzbepflanzung darstellen; doch die anfängliche Freude der koniferenbegeisterten Besitzer erhält meist nach einigen Jahren erhebliche Dämpfer: Die Bäume werden größer und größer, werfen immer mehr Schatten, und der gesamte Garten verdüstert zunehmend. Man sollte sich also genau überlegen, wo man eine Fichte, Kiefer oder Scheinzypresse hinsetzt, ob Wacholder oder Lebensbaum wirklich in den Garten passen.

Nadelgehölze sind ausgesprochen vielseitig: Von Winzlingen für die Schalenbepflanzung bis zu Baumriesen reicht das Repertoire. Wo eingewachsene Nadelbäume die Sonne verdüstern, können schattenverträgliche Rhododendren das dichte Grün auflockern

Der Drang nach oben

Bei der Gestaltung des Wohngartens spielen klimmende, rankende, schlingende Gehölze eine weitaus größere Rolle als die in einem späteren Kapitel vorgestellten einjährigen Kletterpflanzen, die stets nur ein kurzes Gastspiel geben. Mit den mehrjährigen Kletterpflanzen geht man bei der Begrünung sozusagen auf Dauer in die Senkrechte, kann Mauern, Gerüste, Pergolen damit schmücken, Stämmen alter Bäume eine ungewöhnliche Patina verleihen, lebendige Raumteiler schaffen oder unansehnliche Baulichkeiten hinter einem Blättervorhang verschwinden lassen. Manche Kletterer, zum Beispiel Efeu, eignen sich auch als Bodenbedecker, Wilder Wein wandert an waagerecht gespannten Schnüren oder Drähten in luftiger Höhe entlang und kann einen Innenhof in eine romantische Laube verwandeln.

Zu dieser Vielseitigkeit der Verwendung kommt die Anspruchslosigkeit der meisten Kletterpflanzen, die mit jedem guten Gartenboden zufrieden sind und, einmal angewachsen, kaum mehr als die übliche Pflege benötigen: gelegentliche Nährstoffgaben und Wässern bei Trockenheit – das ist schon alles. Nur die Hybriden der Waldrebe (Clematis) sind mitunter etwas heikel, obgleich es Gärten gibt, in denen auch sie völlig problemlos wachsen und blühen.

Grünende, blühende Pergola

Die Pergola als Rankgerüst, das meist eine Terrasse überspannt, bietet sich als Stütz- und Rankhilfe für Klettergewächse geradezu an. Trompetenblume *(Campsis)*, Geißblatt *(Lonicera)*, Glyzine *(Wisteria)* oder Kletterrosen umhüllen das Haus mit Blättern und Blüten, geben im Sommer Schatten und lassen nach dem Laubfall das Licht ungehindert in die dahinter liegenden Räume. Wo es auf eine möglichst rasche und dichte Begrünung ankommt, entscheidet man sich zweckmäßigerweise für den Schlingknöterich *(Fallopia aubertii* syn. *Polygonum aubertii)*, der als Schnellstarter kaum zu übertreffen ist, allerdings auch bald schon keinen Sonnenstrahl mehr durch seinen grünen Pelz hindurchläßt. Die cremeweißen Blütenrispen erscheinen vom Hochsommer bis weit in den Herbst hinein und liegen

Schnellstarter: Schlingknöterich (Fallopia aubertii)

Während die Glyzine durch ihre hübschen Blüten besticht, überzeugt die Pfeifenwinde (kleines Bild) mit ansprechendem Laub

wie eine helle Schaumwolke über dem Laub. Wo es der Schlinger zu toll treibt, läßt er sich willig durch die Schere bändigen. Wegen seiner Wuchskraft und Laubfülle muß Knöterich hin und wieder gedüngt und im Sommer reichlich gegossen werden. Wie die Mehrzahl der Kletterpflanzen verträgt er Sonne und Halbschatten gleich gut.

Eine andere Möglichkeit, sich an heißen Sommertagen Kühlung unter einem Blätterdach zu verschaffen, bietet die Pfeifenwinde *(Aristolochia macrophylla)*. Halbschattige bis schattige Lagen sagen ihr am meisten zu, doch hält sie es auch an sonnigen Plätzen aus, wenn ausreichend gewässert wird. Das herausragende Merkmal dieses Schlingers sind die herzförmigen, bis zu 30 cm großen Blätter, die dachziegelartig übereinanderliegen und wie ein dichtgeschlossener Vorhang wirken, der auch die größte Sommerhitze sicher abhält. Die an langen Stielen sitzenden, pfeifenähnlichen, grünen bis braunen oder purpurfarbenen Blüten verstecken sich unter dem Laub und spielen deshalb für den Betrachter eine eher untergeordnete Rolle.

Die Pergola gibt, wie gesagt, ein ideales Rankgerüst für die diversen Kletterer und Schlinger ab, im Bedarfsfall kann man diese Eignung mit Drähten, Schnüren, Scherengittern oder Holzlatten auf einfache Weise noch verbessern. So steht hier neben den ebengenannten Pflanzen die ganze Vielfalt der Arten und Sorten zur Verfügung. Dabei kommen die sich selbst festklammernden Wurzelkletterer wie Trompetenblume *(Campsis radicans)*, Efeu *(Hedera helix)*, Kletterspindel *(Euonymus fortunei* var. *radicans)*, Kletterhortensie *(Hydrangea anomala* ssp. *petiolaris)* und der mit Haftscheiben ausgestattete dreilappige Wilde Wein *(Parthenocissus tricuspidata)* ganz ohne Hilfskonstruktionen aus. Andere brauchen Kletterhilfen, die den jeweiligen Wuchseigenschaften entsprechen müssen. Man unterscheidet hierbei Spreizklimmer (zum Beispiel Kletterrosen), die sich mit Hilfe ihrer langen Triebe hochstemmen und eigentlich gar keine Kletterpflanzen im engeren Sinne sind; Schlinger (zum Beispiel Pfeifenwinde) mit elastischen Trieben und Stengeln zum Umfassen von Stützvorrichtungen; Rankpflanzen (zum Beispiel Waldrebe) mit speziellen Rankorganen, die sich – in der Zeitlupe betrachtet – wie Tentakel auf die Suche nach Haltemöglichkeiten begeben.

Rankgerüste und Rankbögen

Es müssen nicht unbedingt eigens zum Bepflanzen errichtete Konstruktionen sein, die als Rankgerüst dienen können. Auch schon bestehende Baulichkeiten wie Gartenhäuschen oder Pavillons erhalten ein freundliches Äußeres, wenn man die kahlen Wände von Pflanzen begrünen läßt. Manchmal ist es auch erwünscht oder notwendig, eine bestimmte, optisch wenig ansprechende Gartenpartie den Blicken zu entziehen, beispielsweise den Kompostplatz oder die »Ablageecke«, wo Steine, verbrauchte Erde der Balkonkästen und allerlei sparriges Gut aufbewahrt werden. Solche Plätze lassen sich gut mit Flechtzäunen aus Holz kaschieren, die man als Einzelelemente in Garten- oder Baumärkten erhält. Sie werden an druckimprägnierten Vierkanthölzern verschraubt, die man entweder direkt in den Boden senkt oder auf Punktfundamente setzt. »Nackt« wirkt eine derartige Abgrenzung meist wie ein Fremdkörper inmitten des umgebenden Grüns, sie fügt sich aber organisch ein, wenn man

Geißblatt (Lonicera x brownii) beim Schmücken einer hölzernen Sichtschutzwand. Wegen der kletterunfreundlichen Wandstruktur wurde dem Schlinger hier ein zusätzliches Gerüst bereitgestellt

ihr ein freundliches Kleid aus Kletterpflanzen spendiert. Auf die gleiche Weise kann man den Gemüseteil vom Wohngarten trennen, oder man läßt den Spielbereich der Kinder mit Sandkasten, Rutschbahn, Schaukel ebenfalls mit Hilfe eines Flechtzauns hinter einer grünen Wand verschwinden.

Vor allem in älteren Gartenanlagen finden sich bisweilen Rankgerüste ganz anderer Art, nämlich vergreiste oder aus anderen Gründen unansehnlich gewordene Hochstammbäume, die man eigentlich roden müßte, von denen man sich aber dennoch nur schweren Herzens trennt. Als Alternative kann man den Baum von allen Nebenästen im unteren Bereich befreien und mit Kletterpflanzen begrünen. Selbstklimmender Efeu oder die Kletterhortensie sind hierfür besonders geeignet, aber auch eine Kletterrose oder der immergrüne Spindelstrauch lassen sich am Stamm befestigen und hochleiten.

Optisch außerordentlich reizvoll sind bepflanzte Durchgänge oder Bögen, die ein Hauch von Nostalgie umgibt und die den dahinter liegenden Gartenteil auch dann geheimnisvoll erscheinen lassen, wenn er optisch nicht völlig abgeschirmt ist. Eine von der Terrasse ins Grün führende Treppe bekommt ein ganz anderes Gesicht, wenn die letzten Stufen von einem Rankgerüst oder Rosenbogen überspannt werden – Elemente, die den Blick auf sich ziehen und in die Höhe lenken. Falls links und rechts der Treppe noch keine Bepflanzung, zum Beispiel mit Polstergewächsen oder anderen Stauden, vorgesehen ist, kann man Efeu *(Hedera helix)* zweckentfremden und als Bodendecker einsetzen. Zwar dauert es seine Zeit, bis er von dem ihm zugewiesenen Platz Besitz ergriffen hat, doch dann bildet er dichte, grüne Matten, die praktisch keiner Pflege mehr bedürfen. Es ist allerdings ein Trugschluß, in diesem genügsamen Rankgehölz einen generellen Rasenersatz zu vermuten. Zwar nimmt es *Hedera* nicht weiter übel, wenn sie gelegentlich betreten wird, doch eine Dauerstrapazierung dieser Art hält sie nicht aus und beantwortet das ständige Niederdrücken mit sich immer weiter ausdehnenden Kahlstellen.

Romantischer Bogengang

Wo es der Zuschnitt des Gartens erlaubt, stellt ein Bogengang einen herausragenden Blickfang im häuslichen Grün dar, umweht von einem Hauch Romantik. Dabei wird ein gerade verlaufender Weg mit mehreren aufeinanderfolgenden Rankgerüsten überbaut, die, einmal bewachsen, wie eine langgestreckte Laube wirken. Nun ist es für eine derartige blühende Überdachung nicht unbedingt notwendig, daß sie über viele Meter hinweg den ganzen Garten durchquert. Schon zwei, vielleicht drei Klettergerüste reichen aus, um eine anheimelnde Atmosphäre zu schaffen. Und es

Es muß nicht immer ein Rosenbogen sein: Auch Clematis-Hybriden können zum Garten führende Bögen zieren

müssen auch nicht immer bogig gestaltete Gerüstelemente sein: Da sie durch den Pflanzenbewuchs dem Auge entzogen sind, können sie auch schlicht aus zwei genügend hohen Pfählen, die man in den Boden rammt, und einem Querholz bestehen. Diese einfache Eigenkonstruktion kann man schließlich noch mit längs, also in Wegrichtung angebrachten kurzen Lattenstücken auf dem Querholz versehen; solche Reiter geben den Klettergewächsen genügend Halt, um ein blühendes Dach zu bilden.

Kletterrosen

Die ansprechendsten Effekte erzielt man gerade bei Bogengängen mit Kletterrosen, die sich natürlich mehr oder weniger auch für jede andere kletternde Verwendung eignen. Wenn der Platz besonnt und der Boden durchlässig ist, so daß kein Wasserstau entsteht, wird man mit diesen Blütengehölzen keine Probleme haben. Allerdings sollte man nach Möglichkeit nur solche Sorten wählen, die den ganzen Sommer über in Flor kommen.

'Paul's Scarlet Climber' beispielsweise, eine alte, sehr beliebte und bewährte Kletterrose, entfaltet ihre halbgefüllten, blutroten Blüten nur im Juni/Juli und hat danach nur noch zuweilen einen spärlichen Nachflor. Für einen Rosenbogen, an dem man sich ja lange Zeit erfreuen möchte, ist sie deshalb weniger geeignet. Denn das einzige, was dem Auge vor und nach der Blütezeit bliebe, wäre sattgrünes Laub – ein bißchen wenig für den optischen Schwerpunkt Rankgerüst. Aber gerade bei Rosen hat man eine genügend große Auswahl an Mehrfachblühern in verschiedenen Farb-

Durch Verknüpfung mehrerer Bögen und pergolaähnliche Überbauung entstand diese einladende Rosenlaube

tönen. Hier einige empfehlenswerte Sorten aus der Gruppe der öfterblühenden Kletterrosen:

- 'Coral Dawn': Einzeln oder zu mehreren öffnen sich fortlaufend große, gut gefüllte und stark duftende, korallenrosa Blüten. Vor heißen Mauern in Südlage gedeiht diese Rose weniger gut.
- 'Dortmund': Blüten einfach, blutrot mit großem, weißem Auge. Sie erscheinen leicht duftend in dichten Büscheln.
- 'Golden Showers': Die spitz-länglichen, goldgelben Knospen sitzen einzeln oder zu mehreren an ihren Stielen und öffnen sich zu zitronengelben, großen, halbgefüllten Blüten.
- 'Lawinia': Die rein rosafarbenen, locker gefüllten und stark duftenden Blüten erscheinen einzeln oder in Büscheln den ganzen Sommer über in großer Zahl. Wegen der überreichen Blüte und der interessanten Farbe, die später durch einen silbrigen Hauch noch an Intensität gewinnt, sollte 'Lawinia' ein Gerüst ganz für sich erhalten.
- 'Schwanensee': sehr große, leicht duftende, weiße, gefüllte Blumen mit zartrosa gefärbter Mitte, in reichblühenden Büscheln zusammenstehend. Wegen des straff aufrechten Wuchses sollte man die Triebe am Gerüst bogenförmig ausrichten und anbinden.
- 'Sympathie': Die samtig dunkelroten Knospen und die Blüten mit gleicher Tönung, gefüllt und edel geformt, haben dieser früh-, reich- und öfterblühenden Rose viele Freunde geschaffen.

Mauerdurchgänge

Häufig endet bei Einfamilienhäusern die Einfahrt an der zurückgesetzten Garage, an die sich seitlich der Garten anschließt. Im Nachhinein wird dieser Bereich dann durch eine Mauer mit Tor vom Wohngarten getrennt. Hier bieten sich zur Auflockerung und Verschönerung ebenfalls Kletterpflanzen an, die den Fassaden ein freundliches Aussehen verleihen. Da der Garagenzugang meist gepflastert ist, kann man längs der Mauer einige Platten oder Steine entfernen und die Pflanzen direkt in den gewachsenen Boden bringen. Oder man setzt sie in größere Kübel, zum Beispiel in halbierte Fässer, in denen die meisten gut gedeihen. Selbst Glyzinen tolerieren eine mobile Heimstatt, und wenn auch der Flor möglicherweise etwas spärlicher ausfällt als bei Pflanzung im Boden, reicht der Blütenschmuck allemal, um dieser begrenzten Partie neben der Garage zu mehr Attraktivität zu verhelfen.

Zuweilen ergibt sich durch den Grundriß von Zufahrt, Garage und Garten im besagten Übergangsbereich ein durch die Mauer gebildeter, oft etwas beschatteter Eckplatz. Wenn dieser optisch »tote« Winkel mißfällt, hier ein Lösungsvorschlag: Man umgibt die Stelle mit einer knapp kniehohen, halbrunden Mauer aus Natursteinen, füllt nach dem Entfernen einiger Platten des Bodenbelags mit guter, kalkarmer Gartenerde auf und setzt in dieses Beet eine Kletterhortensie *(Hydrangea anomala* ssp. *petiolaris).* Etwas Geduld muß man nun allerdings haben, denn diese Art wächst langsam, und es kann einige Jahre dauern, bis die ersten rahmweißen Blütenteller erscheinen. Dafür hat man dann später um so mehr Freude an dem prächtigen Wurzelkletterer, der sich auch den Winter über mit gelben bis rötlichen, dicken Knospen schmückt. Wichtig zum Gedeihen, besonders in der Anwachsphase, sind ein stets ausreichend feuchter Boden und eine gute Nährstoffversorgung.

Grünes Kleid
für Haus und Zäune

Lebendige Wände

An der Frage, ob man die Außenwände des Eigenheims Kletterpflanzen zur Verfügung stellen soll oder nicht, scheiden sich die Geister. Viele Hausbesitzer finden hell verputzte, saubere Flächen einfach schick, andere befürchten, daß die Begrünung dem Mauerwerk Schaden zufügen könnte. Es hat sich jedoch gezeigt, daß die Selbstklimmer Efeu oder Wilder Wein die Fassade in der Regel nicht angreifen, sofern sie frei von Rissen und Verwitterungserscheinungen ist. Ansonsten hat gerade der immergrüne Efeu eher Vor- denn Nachteile, weil er im Sommer durch Schattierung für Kühle, im Winter durch die isolierende Blätterschicht für Erhaltung der Wärme sorgt. Bevor man sich jedoch entschließt, das Haus in einen dauerhaften grünen Pelz zu hüllen, sollte besser ein Fachmann zu Rate gezogen werden. Schlinger wie Glyzine oder Geißblatt brauchen für den Anfang eine Kletterhilfe, die ihnen den Weg hinauf in luftige Höhen weist; eventuell läßt man sie parallel zum Dach an dicken Schnüren weiterwachsen. Das Bereitstellen dieser Hilfe stellt keine besondere Schwierigkeit dar; diese Arten können aber mit der Zeit durchaus Probleme aufwerfen. Besonders Glyzine und Schlingknöterich sind nämlich in der Wahl der Wege, die ihre Triebe nehmen, nicht wählerisch, sie umschlingen Regenrinnen und Fallrohre ebenso, wie sie ihre Ranken unter die Dachschindeln schicken. Wenn man das weiß und aufpaßt, das heißt rechtzeitig und ziemlich regelmäßig zur Schere greift, läßt sich diese Unart

Ganz in Grün: »Totalberankung« mit Wildem Wein

allerdings leicht in den Griff bekommen – vorausgesetzt, man verfügt über eine genügend große Leiter.

Im Wohngarten, der ja auch ein »Wohlfühlgarten« sein soll, gibt es jedenfalls nichts Ansprechenderes als von Grün und Blüten umsponnene Fassaden und eine rosenumrankte Pergola über der Terrasse. Es gehört nur ein Quentchen Mut dazu, sich von den üblichen, weiß getünchten Wänden zu verabschieden und der Natur auch hier einen angemessenen Platz einzuräumen.

Berankte Zäune

Bei Zäunen, gleich welcher Art, erübrigen sich alle genannten Vorbehalte, denn hier ist durch Pflanzenwuchs kaum etwas kaputt zu machen oder zu beschädigen. Einfriedungen sind vor allem zweckbestimmt, sie sollen ungeladene Besucher und Betrachter ebenso fernhalten wie Haustiere aus Nachbars Garten und von der Straße, aber umgekehrt auch Kleinkindern oder dem eigenen Hund den Weg nach draußen verwehren. Außerdem sind Zäune beim Hausbau immer das Schlußlicht, nicht zuletzt, weil man zunächst den freien Zugang zum Grundstück benötigt. Die Folge ist dann häufig ein Provisorium, meist ein einfaches Maschendrahtgeflecht, das zunächst ja auch seine Aufgabe erfüllt, doch nicht gerade ansprechend wirkt. Auch der – wohl etwas zu Unrecht – vielgeschmähte, weil allzuoft zu sehende Jägerzaun stellt eher eine Notlösung dar, die man am liebsten verstecken würde, ohne auf ihre Vorteile zu verzichten. Was käme hierfür mehr in Frage als eine Begrünung mit Kletterpflanzen – sofern man es nicht vorzieht, den ungeliebten Zaun hinter einer Hecke verschwinden zu lassen. Aber erstens passen Hecken nicht überall hin, und zweitens haben sie, schon mit Rücksicht auf den Abstand zum Nachbarn, einen gewissen Platzbedarf.

Die einfachere Lösung sind Kletterer und Schlinger, und zwar alle, die eine dichte Belaubung entwickeln, wobei bei der Auswahl natürlich die Lage – sonnig oder beschattet – zu berücksichtigen ist. Auch hier kann man mit Schlingknöterich kaum etwas falsch machen, der langsam wachsende Efeu ist ebenfalls geeignet, erfordert aber Geduld. Dafür käme das immergrüne Geißblatt (*Lonicera henryi*) in Frage, an einem etwas beschatteten Platz auch die Pfeifenwinde (*Aristolochia*) oder eine Waldrebe wie die robuste *Clematis montana* mit weißrosa Blüten im Mai/Juni. Und wenn genügend Platz vorhanden ist – warum nicht Kletterrosen? Sie müßten freilich ein Extraspalier bekommen, an dem sie dann, den Zaun verdeckend, emporwachsen können. Schließlich wäre auch noch Wilder Wein (*Parthenocissus*) zu nennen, der ebenso gerne nach oben wie in der Waagerechten klimmt und im feuerroten Herbstkleid der schönste von allen ist.

Ausdauernde Kletterpflanzen für den Wohngarten

Deutscher Name	Botanischer Name	Wuchshöhe in m	Lichtanspruch
Pfeifenwinde (x)	*Aristolochia macrophylla*	5–10	◑–●
Trompetenblume	*Campsis radicans*	4–8	○
Baumwürger (x)	*Celastrus orbiculatus*	8–12	○–◑
Waldrebe (x)	*Clematis*-Arten	3–10	○
Spindelstrauch	*Euonymus fortunei*	3–5	○, ◑, ●
Schlingknöterich (x)	*Fallopia aubertii*	4–10	○, ◑, ●
Efeu	*Hedera helix*	5–30	◑–●
Kletterhortensie	*Hydrangea anomala* ssp. *petiolaris*	6–10	○–◑
Winterjasmin (x)	*Jasminum nudiflorum*	2–5	○
Geißblatt (x)	*Lonicera*-Arten	4–6	○–◑
Wilder Wein (z. T. x)	*Parthenocissus*-Arten	8–15	○–◑
Kletterrose (x)	*Rosa*-Arten	2–6	○
Glyzine (x)	*Wisteria sinensis*	8–15	○–◑

x = Kletterhilfe nötig; ○ = sonnig, ◑ = halbschattig, ● = schattig

Ganz oben: Bergwaldrebe (Clematis montana); darunter: Goldgeißblatt (Lonicera x tellmanniana)

Von Juli bis September schmückt sich die Trompetenblume (Campsis radicans) mit ihren hübschen Blüten

Die Kletterhortensie (Hydrangea anomala) blüht im Juni und Juli und bietet ansonsten sehr ansehnliches Blattwerk

Buntes Band aus Blumen

Es gibt unübersehbar viele Möglichkeiten, mit Blumen Farbe in den Garten zu bringen, und ein Wohngarten ganz ohne Blumen ist eigentlich nicht denkbar. Nur große Parklandschaften kommen ohne krautige Blütengewächse aus und wirken durch optische Weite, durch die Gestalt und das vielfältige Laub ihrer Bäume und Sträucher. Ein- und zweijährige Sommerblumen sowie Stauden und Zwiebelgewächse sorgen bei richtiger Auswahl für einen Flor vom zeitigen Frühjahr bis in den späten Herbst und können durch Blütengehölze und Kübelpflanzen noch unterstützt werden.

Ein- und Zweijahrsblumen

Daß man die Sommerblumen in Einjährige und Zweijährige unterteilt, weist auf Unterschiede im Wachstumsrhythmus hin, die nachfolgend kurz erläutert werden. Gemeinsam ist den beiden Pflanzengruppen, daß sie im Gegensatz zu den langlebigen Stauden nach der Blüte absterben. Allerdings gibt es gerade unter den Zweijährigen auch Arten, die es unter Umständen zwei oder drei Jahre aushalten und für die deshalb die Bezeichnung Halbstauden einigermaßen zutreffend ist; hierzu gehören unter anderen Bartnelken, Fingerhut, Goldlack oder Königskerze. Viele **Einjahrsblumen** werden im zeitigen Frühjahr bei Wärme vorkultiviert, also beispielsweise auf dem Fensterbrett ausgesät und dann wegen ihrer Frostempfindlichkeit erst gegen Mitte Mai, nach den letzten Frösten, in den Garten gepflanzt. Robuste und wenig kälteempfindliche Arten können dagegen im März oder April, je nach Witterung, direkt an Ort und Stelle gesät werden, brauchen also keine warme Vorkultur. **Zweijährige** sät man im Sommer, im Juni oder Juli, auf ein extra Saatbeet im Freien aus und pflanzt

sie im Herbst, nachdem sie vereinzelt wurden, an den vorgesehenen Platz. Einige von ihnen, wie Gänseblümchen *(Bellis perennis)*, Goldlack *(Cheiranthus cheiri)* oder Stiefmütterchen *(Viola-Wittrockiana*-Hybriden), sorgen bereits im Frühling für einen bunten Blütenflor, andere blühen im Sommer. Die meisten Ein- und Zweijährigen gedeihen an einem sonnigen Platz in jedem guten Gartenboden.

Verwendung von Sommerblumen

Schon der Farbwirkung wegen wird man diese Blütengewächse stets zu mehreren zusammensetzen, entweder in einem Extrabeet, das auch ein Rondell im Rasen sein kann, als Randbepflanzung vor Mauern, Zäunen, am Teich oder Sitzplatz, in der Nähe der Terrasse oder als Wegeinfassung, um nur einige Beispiele zu nennen. Sommerblumen lassen sich aber auch mit Stauden in einer Rabatte kombinieren oder als flacher Teppich in aufeinander abgestimmten Farbtönen anlegen. Die Möglichkeiten sind schier unerschöpflich, und bei alledem fällt immer auch noch reichlich Schmuck für die Vase ab, so daß sich der Wohngarten bis ins Wohnzimmer fortsetzen kann.

Reizvoll, wo es hinpaßt und für den, der es mag, ist das Ton-in-Ton-Beet. Die Zusammenstellung auf Seite 61 zeigt ein Beispiel für ein solches Beet in Rot- und Rosanuancen.

Sommerblumenbeet für fröhliche Gemüter: Fleißige Lieschen und Feuersalbei bilden eine rosa-orangerote Achse, gekreuzt von gelben Blühern, wie Husarenknöpfchen und Tagetes im Vordergrund

Einjahrsblumen für warme Vorkultur

Deutscher Name	Botanischer Name	Wuchshöhe in cm	Blütenfarbe
Leberbalsam	*Ageratum houstonianum*	15–60	blau, violett, weiß
Löwenmaul	*Anthirrinum majus*	15–100	alle Töne außer Blau, auch zweifarbig
Begonie	*Begonia-Semperflorens*-Hybriden	10–20	rosa, rot, weiß
Sommeraster	*Callistephus chinensis*	25–75	alle Töne außer Gelb, auch zweifarbig
Schmuckkörbchen	*Cosmos bipinnatus*	50–100	weiß, rosa, rot
Mittagsgold, Gazanie	*Gazania*-Hybriden	10–30	gelb, rosa, rotbraun
Fleißiges Lieschen	*Impatiens-Walleriana*-Hybriden	10–30	alle Töne außer Gelb, auch mehrfarbig
Lobelie, Männertreu	*Lobelia erinus*	10–20	blau, rosa, weiß
Levkoje	*Matthiola incana*	30–100	rot, rosa, gelb, weiß
Bartfaden	*Penstemon*-Hybriden	50–90	rot, lila
Sonnenhut	*Rudbeckia hirta*	50–90	gelb
Salbei	*Salvia*-Arten	40–80	blau, rot
Studentenblume, Tagetes	*Tagetes*-Arten	15–120	gelb, orange

Von Löwenmaul und anderen mehrfarbigen Sommerblumen wird häufig Saatgut mit bunten Mischungen angeboten

Sommerblumenbeet in Rot und Rosa

Beetbegonie (*Begonia-Semperflorens*-Hybride 'Lotto'), Federbusch-Celosie (*Celosia argentea* var. *plumosa* 'Feuerfeder'), Fleißiges Lieschen (*Impatiens walleriana* 'Bellizzy Scharlach'), Männertreu (*Lobelia erinus* 'Rosamond'), Roter Lein (*Linum grandiflorum* 'Rubrum'), Salvie, Feuersalbei (*Salvia splendens* 'Scarlet Piccolo'), Schleifenblume (*Iberis umbellata* 'Feuerteufel'), Ziertabak (*Nicotiana alata* 'Rote Auslese')

Mittagsgold (Gazania-Hybride)

Feuersalbei (Salvia splendens)

Ton in Ton präsentieren sich hier Ziertabak und Fleißige Lieschen, weißer Duftsteinrich rahmt dezent die Bepflanzung

Allerdings setzen derartige Kombinationen sehr ähnlicher Farben ein sicheres Gefühl für die Verteilung und Nachbarschaft der einzelnen Töne voraus; sie verlangen auch immer neues Ausprobieren, denn zwischen der Beschreibung der Arten und Sorten in Katalogen oder Büchern und dem optischen Eindruck des blühenden Beets besteht ein himmelweiter Unterschied. Beim kunterbunten Durcheinander von Sommerblumen ist die Gefahr farblicher »Ausrutscher« dagegen kaum gegeben, weil der eher zufälligen Vielfalt Absicht zugrunde liegt.

Auch wenn es etwas abfällig klingt: Einjahrsblumen sind hervorragende »Lückenbüßer« bzw. Übergangslösungen bei schwierigen Gestaltungsproblemen, über die nicht von heute auf morgen entschieden werden kann oder soll. Gerade im jungen Garten, für den das endgültige Konzept noch nicht gefunden wurde, kann man sich zunächst mit Sommerblumen behelfen, damit die Anlage gleich zu Beginn einen kräftigen Farbanstrich erhält, noch ungenutzte Plätze nicht leer und trist wirken. Geht der Sommer zu Ende, ist die Pracht ohnedies dahin, und man hat weder seiner Pflanzenliebe noch dem Geldbeutel allzuviel zugemutet.

Einjährige Kletterpflanzen

Viele Kletterer und Schlinger aus dieser Gruppe machen ihr kurzes Leben dadurch wieder wett, daß sie in kürzester Zeit ein dichtes Blütenkleid hervorbringen, mit dem sie Zäune, Abtrennungen, Rankgerüste und Spaliere bedecken. Gerade niedrige, zierlichere Elemente des Wohngartens, für die raumgreifende Klettergehölze ungeeignet wären, lassen sich durch einjährige Rankpflanzen besonders effektiv gestalten, wobei zudem die Möglichkeit besteht, die Bepflanzung von Jahr zu Jahr zu variieren. Einige der wichtigsten Vertreter seien hier kurz vorgestellt.

Die Glockenrebe *(Cobaea scandens)* wächst in ihrer mittelamerikanischen Heimat als ausdauernder Kletterstrauch, wird bei uns aber nur einjährig kultiviert und kann Höhen von 3–4 m erklimmen. Die glockenförmigen, bis zu 8 cm langen Blüten erscheinen von Juli bis Oktober in Blauviolett; es gibt aber auch weißblühende Sorten.

Ein lustiger und dankbarer Beranker besonders für Maschendraht- und Jägerzäune, die man gerne etwas kaschiert, ist der Zierkürbis *(Cucurbita pepo* var. *ovifera)*. Das Reizvolle an ihm sind die vielgestaltigen und -farbigen Früchte, die sich auch als Zimmerschmuck mehrere Monate halten.

Himmelblaue Blütenkelche mit weißlichem Schlund von Juli bis September zeichnen die 2–3 m hoch rankende Prunkwinde *(Ipomoea tricolor)* aus. Die Blüten öffnen sich bei Sonnenschein nur vormittags, an trüben Tagen halten sie auch länger.

Duftwicken *(Lathyrus odoratus)* sind altbekannte Pflanzen des ländlichen Gartens, wo sie schon früher 1–2 m hoch an Zäunen und Gerüsten kletterten. Die duftenden Blüten prangen in fast allen Farben und Farbschattierungen, außer in Gelb.

Ebenfalls 1–2 m lang sind die Triebe der Schwarzäugigen Susanne *(Thunbergia alata)*. Es gibt zahlreiche Sorten mit gelben, orangefarbenen oder weißen Blüten.

Eng verwandt mit der bekannten kriechenden, großblütigen Kapuzinerkresse *(Tropaeolum*-Hybriden) ist die kletternde Kapuzinerkresse *(T. peregrinum)* mit kleineren Blüten in Gelb, Rot oder Orange, die von Juni bis Oktober erscheinen. Die Pflanze erreicht 3–4 m Höhe.

Kletternde Kapuzinerkresse
(Tropaeolum peregrinum)

Glockenrebe
(Cobaea scandens)

Schwarzäugige Susanne
(Thunbergia alata)

Ansprechendes Grün und prachtvolle Blüten den ganzen Sommer über: Die Prunkwinde trägt ihren Namen zu Recht und macht ihm – gute Wasserversorgung vorausgesetzt – alle Ehre

Frühe Zwiebel- und Knollenblumen

Obgleich es unter den Zwiebel- und Knollenpflanzen auch viele attraktive Sommerblüher gibt – man denke nur an die große Gruppe der Lilien oder an die nicht winterharten Dahlien und Gladiolen – verbindet sich mit ihnen doch immer das Bild des ersten Flors im Frühling. Frühe Krokusse, Schneeglöckchen, Winterling und Märzenbecher schieben ihre Blütenköpfchen manchmal schon im Februar durch die dünne Schneedecke und haben dann als einzige Konkurrenz die Christrosen zur Seite – Grund genug, das Jahr mit diesen Pflanzen einzuläuten, auch wenn es ansonsten im Garten noch nicht allzu »wohnlich« ist.

Wenig später, aber immer noch zeitig genug, folgen dann Buschwindröschen, Schneestolz, Hyazinthen, Narzissen und das große Heer der Tulpen. Alle lassen sich gut zu Füßen von Bäumen und Sträuchern pflanzen, deren blattloses Astwerk jetzt noch genug Licht hindurchläßt; das gilt

übrigens auch für Rosenrabatten, die man mit Zwiebelblumen säumen kann – vorausgesetzt, der Boden unter der »Königin der Blumen« ist nicht so schwer, daß er öfter gelockert und aufgehackt werden muß, was den Blumenzwiebeln das Leben schwer machen würde.

Wichtig für die Kräftigung der Zwiebeln und damit für die nächstjährige Blüte ist, daß die Pflanzen ihr Laub in Ruhe einziehen können, was eine ganze Zeit dauert. Das muß man bedenken, wenn beispielsweise Krokusse in den Rasen gesetzt werden sollen, der dann zunächst für den Mäher tabu ist. Aber auch erste Tischtennisturniere oder andere Intensivbelastungen des grünen Teppichs muß man sich dann vorerst verkneifen.

Wo eine Staudenrabatte den Sommer über für üppiges Blühen sorgt, hat man verständlicherweise den Wunsch, auch hier schon möglichst früh den ersten Flor zu sehen. Mit einigen Einschränkungen machen Zwiebelblumen das möglich, wenn man zum Beispiel niedrige Arten ganz nach vorne setzt, wo sie dem Beet dann schon zeitig im Jahr Leben einhauchen. Problematisch wird es freilich, sobald man die ganze Üppigkeit der Zwiebelgewächse ausnutzen

Für die Frühjahrsblütenpracht von Tulpen, Narzissen und Traubenhyazinthen sollte im Wohngarten ein Plätzchen zu finden sein. Krokusse (kleines Bild) gehören zu den ersten Frühlingsboten

will, indem man große Tuffs, also Gruppen von Tulpen oder Hyazinthen zwischen die angestammten Bewohner des Staudenbeets pflanzt. Das sieht zunächst zwar prachtvoll aus, ändert sich aber, sobald der Zwiebelblumenflor aufhört und nichts als große Lücken hinterläßt. Bis die Stellen durch Laub und Blüten der Stauden verdeckt werden, dauert es seine Zeit, und man hat im Grunde nichts gewonnen. Versierte, passionierte Gärtner werden natürlich Möglichkeiten finden, durch geschickte Pflanzenzusammenstellungen diese Mängel zu beheben, doch wir haben es hier ja nicht mit ausgetüftelten Zierpflanzungen, sondern mit dem Wohngarten zu tun, der zwar auch gut aussehen, aber nicht perfektioniert werden soll.

Und schließlich gibt es für frühlingsblühende Zwiebelgewächse ja auch noch andere Pflanzplätze als den Rasen, den Gehölzrand oder das Staudenbeet, Stellen, an denen sie nach dem Ende des Flors keine auffälligen Lücken hinterlassen: zum Beispiel seitlich von Treppen oder Stufen, locker verstreut an einem Pfad oder Weg, unter einem Rankgerüst, in einem mit niedrigen Gehölzen bepflanzten Terrassenhang.

Stauden gehören dazu

Gegenüber den Sommerblumen haben Stauden den Vorteil, daß sie langlebig sind und oft viele Jahre am selben Standort immer aufs neue blühen. Daß sich ihr Flor nur über einen begrenzten, mehr oder weniger langen Zeitraum im Jahr erstreckt – soll man das als Nachteil werten? Schließlich haben wir die Möglichkeit, durch die Wahl entsprechender Arten und Sorten für eine sommerlange Blüte zu sorgen, mit stets wechselnden Farben und Formen. Außerdem gibt es kaum einen Platz im Garten, der nicht mit Stauden zu beleben wäre, ob in praller Sonne, im Halbschatten oder sogar Schatten.

Neben den zahlreichen Pracht- oder Beetstauden gibt es kleinwüchsige bis zwergige Formen und solche, die als Polster oder Teppiche ganze Flächen überspannen, in Steinritzen fast ohne Erde leben oder als Bodendecker kahle Stellen begrünen. Arten für trockene Böden lassen sich ebenso

Ob in einem separaten Beet oder, wie hier, in Kombination mit Rosen: Stauden gehören dazu; auch ausdauernde Solitärgräser wie das Chinaschilf (kleines Bild)

finden wie feuchtigkeitsliebende, und für prägnante Einzelstellung empfehlen sich imposante Pflanzengestalten wie Artischocke, Pampasgras und Riesenchinaschilf, die alle 2–3 m hoch wachsen.

Diese Vielfalt kann man sich gerade im Wohngarten zunutze machen, denn die große Gruppe der Stauden hat für alle Wünsche und Bedürfnisse Passendes zu bieten. Bei meist geringen Pflegeansprüchen machen sie Terrasse, Spiel- und Sitzplätze bunt, verleihen dem Garten Flair und Attraktivität, ohne daß die eigenen Aktivitäten dadurch eingeengt werden. Ob man größere Rabatten am sonnigen Rasenrand bepflanzt, kleine Blumeninseln als Auflockerung irgendwohin setzt, wo sie auffallen, aber nicht stören, Treppen und Stufen mit Kleinstauden rahmt oder aus Liebhaberei eine Ecke für Steinbeet oder Steingarten reserviert – immer stehen für die Gestaltung Stauden in verschiedenen Blütenfarben und Wuschsformen zur Verfügung.

Da es den Rahmen dieses Buches sprengen würde, wollte man auch nur einen Teil der im Handel erhältlichen Arten beschreibend aufzählen, sollen einige wenige Beispiele zeigen, was sich mit diesen ausdauernden Pflanzen alles machen läßt. Der Spezialfall Schatten, dem fast nur mit Stauden beizukommen ist, wird im Kapitel »Besondere Gartenerlebnisse« ausführlicher betrachtet.

Geranien als Bodendecker

Hier sind nicht die bekannten Balkongeranien der Gattung *Pelargonium* gemeint, sondern andere Arten der Storchschnabelgewächse *(Geraniaceae)*, die »echten« Geranien *(Geranium)*, auch als Storchschnabel bekannt. Da sie an sonnigen wie halbschattigen Stellen im Garten gepflanzt werden können, bietet sich ein breites Spektrum von Verwendungsmöglichkeiten. So könnte man einen schmalen Streifen vor Sträuchern mit geeigneten Arten dieser Stauden besetzen, den Hintergrund eines Sitzplatzes mit Geranien gestalten oder die Partie vor dem Zaun von Juni bis September zum Blühen bringen – ungewöhnliche, aber optisch wirkungsvolle Gestaltungsmöglichkeiten für kleine Gartenpartien, wo sonst nichts so recht hinpaßt.

Zu den hübschen roten, rosafarbenen, violetten, blauen oder weißen Blüten, teils mit feiner Strichelung, kommen die tief eingeschnittenen Blätter, die manchmal eine attraktive Herbstfärbung annehmen. Einige behalten in milden Wintern ihr Laub.

Der bekannte deutsche Staudengärtner Dr. Hans Simon nennt als Bodendecker unter anderem folgende Arten und Sorten: *Geranium* x 'Biokovo', *G.* x *hybridum* 'Claridge Druce', *G. macrorrhizum* als Art und in Sorten, *G. platypetalum*, *G. sanguineum* als Art oder in Sorten, *G. sylvaticum* 'Mayflower'.

Reizvoller Bodendecker: Geranium sylvaticum

Stauden, die sich selbst aussäen

Gerade im Wohngarten, in dem sich den Sommer über ein Teil des Familienlebens abspielt und der daher zwangsläufig eher mit leichter Hand bepflanzt und gestaltet wird, kann man sich das Vergnügen leisten, Stauden auf Wanderschaft zu schicken, das heißt, sich selbst aussäen zu lassen. Voraussetzung ist, daß man beim Jäten – auch zwischen Steinen und Plattenfugen – ein bißchen aufpaßt und Pflänzchen, die nicht sofort als Unkräuter zu identifizieren sind, zunächst einmal stehen läßt. Sie könnten sich ja zu bereits im Garten vorhandenen Schlüsselblumen, Veilchen, Kugeldisteln oder Herbstastern mausern.

Das Interessanteste bei solchen Experimenten ist das Endergebnis, nämlich die Blütenfarbe des Neuankömmlings; denn man kann nicht darauf bauen, daß hier eine mit der Mutterpflanze identische Blume heranwächst. Wenn es sich beim elterlichen Gewächs um eine Züchtung handelt, spalten sich die Nachkommen den Mendelschen Vererbungsgesetzen folgend auf, und die aus Samen entstandenen Exemplare präsentieren sich in unterschiedlichen Farbtönen, die teils ganz anders ausfallen als erwartet. In einem kleinen Experiment kann man das ganz leicht ausprobieren. Sammeln Sie die Samen einer *Impatiens-Walleriana*-Sorte, beispielsweise von der leuchtendroten F_1-Hybride 'Miss Swiss'. Es handelt sich dabei um eine Staude, die bei uns aber wegen mangelnder Winterhärte nur einjährig gezogen wird. Sät man den Samen nach Mitte Mai auf einer kleinen, noch freien Gartenstelle aus, öffnen sich hier im Laufe des Jahres Blüten in allen Blau-, Violett- und Rottönen sowie in Weiß. In der nebenstehenden Übersicht sind einige Stauden aufgeführt, die sich gerne selbst aussamen. Wem daran gelegen ist, der sollte den genannten, reinen Arten den Vorzug gegenüber Zuchtsorten geben.

Selbstaussäende Stauden

Deutscher Name	Botanischer Name	Wuchshöhe in cm	Blütezeit	Blütenfarbe
Frauenmantel	*Alchemilla mollis*	40	VI	grüngelb
Steinkraut	*Alyssum saxatile*	30	IV–V	gelb
Akelei	*Aquilegia*-Arten	70	V–VI	lila, rosa
Herbstaster	*Aster*-Arten	30–130	IX–X	rosa, lila, blau
Teppichglockenblume	*Campanula poscharskyana*	15	VI–IX	blau
Fingerhut	*Digitalis purpurea*	120	VI–VII	rosa, weiß
Kugeldistel	*Echinops ritro*	120	VII–VIII	blau
Storchschnabel	*Geranium sanguineum*	30	V–IX	rosarot
Leinkraut	*Linaria purpurea*	80	VII–IX	lila, rosa
Lupine	*Lupinus polyphyllus*	90	V–VII	rot, blau, weiß
Vexiernelke	*Lychnis coronaria*	50	VI–VII	karminrot
Moschusmalve	*Malva moschata*	60	VI–IX	rosa, weiß
Schlüsselblume	*Primula veris*	20	II–IV	gelb
Sonnenhut	*Rudbeckia fulgida* var. *sullivantii*	60	VI–IX	gelb
Schaumblüte	*Tiarella cordifolia*	20	IV–V	weiß
Königskerze	*Verbascum bombyciferum*	170	VII–VIII	gelb
Duftveilchen	*Viola odorata*	15	III–IV	violett, blau, rot, purpur, gelb

*Kugeldistel
(Echinops ritro)*

*Steinkraut
(Alyssum saxatile)*

Selbstausgesäte Schlüsselblume als unverhoffter Tulpennachbar

Auch Lupinen vermehren sich gerne durch Selbstaussaat

*Anmutige Wildstauden-
pflanzung in Teichnähe.
Kleines Bild: Waldgeißbart
(Aruncus dioicus)*

Wildstauden

Trotz der Priorität des »Ungezähmten« ist ein naturgemäßer Garten immer noch ein Garten, eine Umgebung, in der wir uns wohl fühlen, die den Charme des Gestalteten nicht eingebüßt hat und in der die Pflanzen sozusagen das Gerüst bilden, an dem sich alles andere aufbaut. Wildstauden, Wildsträucher und Wildblumen spielen hier den wichtigsten Part, doch so wild ist die ganze Sache, die man allerdings nicht mit dem sogenannten Wildnisgarten verwechseln darf, gar nicht. Denn die meisten Gewächse, die in Frage kommen, sind längst in gärtnerischer Kultur, wo sonst sollte man sie sich beschaffen? In Wiese, Wald und Feld, in Feuchtgebieten gar steht fast alles, was für den natürlich gestalteten Wohngarten interessant wäre, zu Recht unter Schutz. Streift man mit der Roten Liste, in der die gefährdeten und geschützten Pflanzen aufgeführt sind, durch die freie Natur, so ist die Wahrscheinlichkeit sehr gering, daß sich ein passendes Gewächs für den Garten ausmachen läßt. Und stößt man doch auf etwas hübsches Ungeschütztes, bleibt fraglich, ob man daheim viel Freude daran hat.

Wildpflanzen am Naturstandort haben einen eng begrenzten Lebensraum, in dem alles miteinander korrespondieren muß: Bodenbeschaffenheit, das Wechselspiel von Licht und Schatten, Kleinklima, Luft- und Bodenfeuchte, Nachbarschaft. Radieschen und Rosen sind da unkomplizierter. Viel einfacher ist es deshalb, sich in einer Staudengärtnerei nach züchterisch nicht oder kaum bearbeiteten Gewächsen umzuschauen. Überall wurde in den letzten Jahren das Wildpflanzensortiment aufgrund der gestiegenen Nachfrage erheblich erweitert. Und schließlich kann man sich viele dieser Gewächse aus Samen selbst ziehen, da auch der Samenhandel dem Bedürfnis nach züchterisch Unverfälschtem Rechnung getragen hat.

Die Empfehlung, nur solche Pflanzen in den naturnah gestalteten Wohngarten zu holen, die auch in der näheren oder weiteren, möglichst aber nächsten Umgebung wildwachsend vorkommen, ist freilich wenig stichhaltig. Denn wenn heimische Gewächse ungestört ringsherum sprießen und gedeihen, besteht kein Anlaß, sie um ihres Erhalts willen auch noch im Garten unterzubringen. Sind sie selten und geschützt, muß man sie sich ohnedies in einer Gärtnerei besorgen. Weil der natürliche Garten nicht nur Gewächse mit Wildpflanzencharakter beherbergen, sondern auch Tieren eine Heimstatt geben soll, muß er über die Pflanzenwahl hinaus entsprechend gestaltet und ausgestattet werden, wie bereits im Kapitel »Leben im Naturgarten« beschrieben.

Stauden und Farne für den naturnahen Garten

Deutscher Name	Botanischer Name	Wuchshöhe in cm	Blütenfarbe
Eisenhut	*Aconitum napellus*	120	blau
Adonisröschen	*Adonis vernalis*	20	gelb
Frauenmantel	*Alchemilla mollis*	30	grüngelb
Buschwindröschen	*Anemone nemorosa*	20	weiß
Akelei	*Aquilegia vulgaris*	40	blau, violett, rosa, weiß
Waldgeißbart	*Aruncus dioicus*	200	weiß
Bergaster	*Aster amellus*	30–60	blau, rot, weiß
Rippenfarn	*Blechnum spicant*	25–40	—
Glockenblume	*Campanula*-Arten	5–120	blau, violett, rosa, weiß
Silberkerze	*Cimicifuga*-Arten	120–200	weiß
Lerchensporn	*Corydalis*-Arten	5–40	gelb, lila, blau, weiß
Mädesüß	*Filipendula ulmaria*	100–200	weiß, gelb
Leberblümchen	*Hepatica nobilis*	10–15	blau, violett, weiß, rot
Funkie	*Hosta*-Arten	20–80	blau, lila, violett
Türkenbundlilie	*Lilium martagon*	50–100	rot, weiß
Dost	*Origanum vulgare*	30–60	purpur
Königsfarn	*Osmunda regalis*	150–200	—
Hirschzungenfarn	*Phyllitis scolopendrium*	30–60	—
Schlüsselblume	*Primula veris*	30	gelb
Küchenschelle	*Pulsatilla vulgaris*	25	violett, rosa, weiß
Thymian	*Thymus*-Arten	10–30	rosa, rot
Königskerze	*Verbascum*-Arten	100–200	gelb, weiß
Immergrün	*Vinca minor*	15	blau, weiß, rot
Duftveilchen	*Viola odorata*	10	violett, blau, rot, purpur, gelb

Ganz oben:
Dost (Origanum vulgare);
darunter: Küchenschelle
(Pulsatilla vulgaris)

Königsfarn
(Osmunda regalis)

Wohnliche Ausstattung und Einrichtung

Gartenmöbel und Pavillons, Lauben und Sonnenschirme, Pflaster für Wege und Sitzplätze – im Wohngarten ist solches Interieur fast unentbehrlich. Bei der Fülle des Angebots an Zubehör bereitet es kaum Schwierigkeiten, Passendes für den eigenen Garten zu finden; es mag eher die Qual der Wahl sein, die hier Kaufentscheidungen erschwert. Ähnlich wie bei der Gestaltung sollte auch in bezug auf die Garteneinrichtung vor allem der persönliche Geschmack den Ausschlag geben, wobei daneben stets die Praxistauglichkeit der gewählten Produkte eine wichtige Rolle spielt. Wenn man dann noch auf die Abstimmung zwischen den gewählten Materialien und der Bepflanzung achtet, kann bei der Einrichtung des Wohngartens nichts schiefgehen.

Lauben und Pavillons

Von Lauben war schon im Zusammenhang mit Pergolen und anderen Rankgerüsten die Rede. In ihrem Ursprung war die Laube wohl nichts weiter als ein Schutzraum aus miteinander verflochtenen, beblätterten Ästen und Zweigen eines Baums. In der Antike wurden vor allem Weinreben kunstvoll gebogen und gebunden, um einem Aufenthaltsplatz an heißen Tagen Kühle zu verschaffen, und im Mittelalter gab es außer der Rosen- und Geißblattlaube bereits feste Gartenhäuser, die diese Bezeichnung trugen.

Heute sind Lauben in diesem engeren Sinn nur noch selten anzutreffen, wenn man nicht die bewachsene Pergola über der Terrasse oder das Rankgerüst im Garten, das auch zum Verweilen einlädt, als Laube bezeichnen will. An ihre Stelle traten Pavillons in Form schmuckvoll verzierter Holz-

konstruktionen oder als mit Markisenstoff bespannte Metallgerüste. Sie beschirmen Sitz- und Ruheplätze, bei Holzpavillons mit durchbrochenem Gittermuster und vielfältigen Accessoires handelt es sich manchmal auch um reine Dekorationselemente, die nur selten betreten und »bewohnt« werden.

Dabei dienen überdachte Flächen dem durchaus nützlichen Zweck, bei einem Regenschauer nicht fluchtartig den Garten verlassen zu müssen, sie geben an kühlen Abenden einen gewissen Wärmeschutz und vermitteln die Geborgenheit des geschlossenen Raums – selbst wenn sie nach allen Seiten offen sind. Dennoch sollte ein Pavillon niemals nur Selbstzweck sein, sondern sich als Gestaltungselement in die Gesamtkonzeption des Gartens oder Gartenteils, in dem er sich befindet, einfügen. Bei modernen, bespannten Rohrgerippen ist das nicht immer ganz einfach, weil sie inmitten des natürlichen Grüns leicht wie ein Fremdkörper wirken. Da sie über Winter abgebaut werden, lassen sie sich auch nicht mit Kletterpflanzen dauerhaft beranken oder

Mit Hilfe von Kübelpflanzen, Sommerblumen in Töpfen und einjährigen Kletterern läßt sich jede Pavillonkonstruktion in den Garten eingliedern. Komplette Berankung der Stützen ergibt den »Effekt des schwebenden Pavillonschirms«

hinter Strauchwerk verstecken. Man muß also nach anderen Möglichkeiten Ausschau halten, um aus der Not eine Tugend zu machen.

Zuallererst bieten sich hier Pflanzen in mobilen Gefäßen an, die man je nach Bedarf umarrangieren und neu zusammenstellen kann. Denn Sommerblumen lassen bisweilen in der Blüte nach, wenn man das Gießen und Düngen vernachlässigt hat oder das Substrat in kleineren Behältern ausgelaugt ist. In solchen Fällen ist Ersatz schnell herbeigeschafft, notfalls durch Kauf beim Gärtner. Besonders attraktiv aber machen sich Kübelgewächse, wenn man ihnen einen Platz am Pavillon einräumt. Das schmucklose Gestell wird dann von Grün und Blüten eingerahmt, Engelstrompete, Bleiwurz, Oleander oder Wandelröschen schaffen eine mediterrane Atmosphäre; wo etwas Schatten hinfällt, können Fuchsien mit ihren unterschiedlich geformten Blütenröckchen Farbe ins Bild bringen, und der Nachtschatten *(Solanum rantonnettii)* bezaubert den ganzen Sommer über bis zu den ersten

Frösten durch seine dunkelblauen Blüten mit gelber Mitte, die sich allerdings gegen Abend schließen.

Auch einjährige Kletterpflanzen geben dem Pavillon ein freundliches Ambiente, wenn man ihnen Drähte, Schnüre oder ein leicht wieder abzumontierendes Gerüst zur Verfügung stellt. Prunk- und Trichterwinde, Duftwicke, Schwarzäugige Susanne, Kapuzinerkresse bilden blühende Girlanden, mit deren Hilfe sich selbst moderne Konstruktionen in die Gartenlandschaft einfügen. Natürlich sind auch Kombinationen all dieser Bepflanzungsbeispiele möglich, wobei man immer die Gestaltung des weiteren Umfelds im Auge behalten sollte. Vielleicht läßt sich der Pavillon ja auch so plazieren, daß er eine Hecke im Rücken hat oder von Rosenbüschen flankiert wird. Dann kann man mit zusätzlichen Pflanzendekorationen sparsamer umgehen. Wer dem rundum offenen Pavillon eine geschlossene Zuflucht vorzieht, kann unter Gartenhäusern in den verschiedensten Größen und – teils sehr noblen – Ausführungen wählen.

Beim fest installierten Pavillon und beim Gartenhaus können auch mehrjährige Kletterpflanzen wie Clematis zum Einsatz kommen. Das Holzhäuschen entstammt eigentlich der Tradition des Schrebergartens, wo es seit jeher zu »Wohnzwecken« diente

Sitzplätze für jede Gelegenheit

Längst nicht in jedem Garten ist der Sitzplatz überdacht, kann man sich zum Verweilen in eine Laube oder einen Pavillon zurückziehen. Oft wird gänzlich auf eine zusätzliche Ruheecke im Grünen verzichtet, weil ja Tisch und bequeme Stühle, vielleicht noch eine Liege bereits auf der Terrasse zur Verfügung stehen. Doch wer einmal die Annehmlichkeiten einer weiteren, vom Haus etwas entfernten Sitzgelegenheit kennengelernt hat, wird nur ungern diese Rückzugsgelegenheit missen wollen.

Einladung zum Verweilen

Es muß sich dabei keineswegs um einen befestigten Platz handeln, der von vornherein für diesen Zweck fest eingeplant wird. Schon ein Liegestuhl ist ausreichend; freilich stellt man ihn immer wieder an dieselben, dafür besonders geeigneten stillen Winkel, von denen aus man den Garten

am intensivsten genießen kann. Dieses Rückzugsbedürfnis sollte bereits bedacht werden, wenn man die Anlage eines Teichs, ob groß oder klein, im Auge hat. Eine Wasserlandschaft lädt geradezu ein, in Ruhe betrachtet zu werden, das Leben in ihr und um sie herum zu beobachten, sich an diesem Stück Natur inmitten alltäglicher Umtriebigkeit zu erfreuen.

Ähnliche Gelegenheiten zum Atemholen finden sich auch an anderen Stellen im Garten – oder man richtet sie extra dafür ein. Der Schatten eines großen Strauchs, der Winkel, an dem zwei Hecken zusammenstoßen, die Nachbarschaft des Kräuterhügels, der verwöhnte Nasen mit Aromaten verwöhnt, das bienenumsummte Rosenbeet – ein Stuhl, eine Liege finden überall Platz.

Schwieriger ist es da schon mit der etwas aus der Mode gekommenen **Hängematte**. Sie läßt sich nun einmal nur dort anbringen, wo zwei kräftige Bäume in der richtigen Entfernung voneinander stehen, und das kommt in unseren eher kleinen Gärten nicht so oft vor. Allerdings bietet der Handel Hängemattengestelle an, die sich gleich dem Liegestuhl überall errichten lassen. So ein Mobilbett für Fau-

Manche Gartenecken laden besonders zum Verweilen ein; sei es der Teich (kleines Bild) oder der Flor von Rhododendren (großes Bild), unter dem es sich an warmen Frühsommertagen gut ruhen läßt

Fest installierter Gartensitzplatz: Natursteine als Bodenbelag harmonieren mit der pflanzlichen Umgebung ebenso wie Sonnenschirme in gedeckten Tönen

beginnt. Außerdem setzen sich hier, besonders nach anhaltenden Regenperioden, Moose und Algen fest, die dann eine ständige Rutschgefahr darstellen und das Erreichen der Sitzplätze zu einem Abenteuer machen.

Für welche **Gartenmöbel** soll man sich überhaupt entscheiden? Das Angebot ist so umfangreich, daß die Wahl schwerfällt, zumal die Industrie Jahr für Jahr mit neuen Modellen und Modefarben auf den Markt kommt. Beim Kauf sollte man grundsätzlich bedenken, daß auch der Sitzplatz und seine Möblierung ein Teil des Gartens sind, sein Bild mitbestimmen und deshalb nicht aus dem Rahmen fallen dürfen. Mit anderen Worten: Sie müssen zum Gesamtcharakter der Anlage passen. Ein kleiner Garten, eine lauschige Ecke vertragen zum Beispiel keine klotzigen Massivgegenstände aus schwerem Holz oder moderne Metallkonstruktionen, die außerdem noch viel Geld kosten. Dagegen braucht man bequeme Stühle aus federleichtem, wetterbeständigem Hartplastik nicht zu scheuen, zumal sie stapelbar sind, sich überall im Keller oder Gartenhaus leicht unterbringen und schnell an Ort und Stelle aufstellen lassen.

Der gebräuchlichste Schattenspender, ob auf der Terrasse oder am Sitzplatz im Garten, ist nach wie vor der **Sonnenschirm**. Zahlreiche Modelle, Größen und Ausführungen werden angeboten, bis hin zu den sogenannten Markt- oder Landhausschirmen von 2–5 m Durchmesser, in der Form mehreckig, rechteckig oder quadratisch. Während der übliche Sonnenschirm in einem meist mit Wasser zu füllenden Steckständer sicher aufgestellt werden kann, ist das bei den großen Modellen wegen mangelnder Standfestigkeit nicht möglich. Soll der Schirm mobil bleiben, läßt sich ein sicherer, allerdings auch extrem schwerer Fuß herstellen, indem das mitgelieferte Steckrohr mit Zement in einen alten Autoreifen eingegossen wird. Diese Großschirme sind meist mit weißem oder sandfarbenem Markisenstoff bzw. Segeltuch bespannt und fallen deshalb inmitten von Grün und Blumen nicht unangenehm auf. Auch bei anderen Modellen sollte man bei der Wahl der Schirmfarben eher Zurückhaltung üben. Grelle Punkt- oder Streifenmuster sehen auf den ersten Blick zwar recht freundlich und munter aus, sind im Garten aber eher Fremdkörper. Ruhige Pastelltöne fügen sich besser ein.

Jenseits der Terrasse

Wenn man davon ausgeht, daß der Sitzplatz eine zusätzliche Einrichtung ist und nicht die Aufgabe hat, die Terrasse zu ersetzen, muß man sich beizeiten Gedanken um die nähere Umgebung, um den Rahmen machen. Die intime Ruheecke bedarf einer Bepflanzung, die das Auge erfreut, gleichzeitig aber auch etwas abschirmt, nach hinten oder zur Seite hin durch Abgrenzung Geborgenheit vermittelt.

lenzer ist zwar überaus praktisch und bequem, sollte nach Gebrauch aber jedesmal wieder verschwinden, weil es mit seinem modernen Design nur selten zum Garten paßt.

Diese Variationen der Platzwahl entfallen, wenn die Sitzecke fest installiert wird, Tisch und Stühle also zusammen mit dem Sonnenschirm den Sommer über an ihrer Stelle bleiben. Aus praktischen Gründen sollte man hier für eine **Bodenbefestigung** sorgen, indem man Platten oder Steine verlegt, damit die Möbel einen sicheren Stand erhalten. Im Garten sehen natürliche Materialien immer am besten aus, deshalb ist auch hier Natursteinplatten oder entsprechenden Imitationen aus Beton der Vorzug zu geben. Kopfsteinpflaster eignet sich wegen seiner Unebenheiten weniger; wackelige Stühle sind nicht nur unbequem, sie leiden gerade auch bei dieser Pflasterart unter der wechselnden Belastung und gehen schneller zu Bruch. Rasen ist für den stark frequentierten Sitzplatz in jedem Fall ungeeignet, weil die Graspflanzen hier durch ständiges Betreten arg strapaziert werden. Wer dennoch aufs satte Grün unter seinen Füßen nicht verzichten möchte, sollte Rasengittersteine wählen, durch deren Fugen die Halme emporwachsen. Holzpflaster wiederum kommt nur für sonnige Plätze in Frage. In Schattenlagen kann auch die beste Druckimprägnierung nicht verhindern, daß' das Holz eines Tages zu faulen

Dazu bedarf es keiner geschlossenen grünen Hecke oder gar einer abschirmenden Holzkonstruktion. Je nach Größe des Platzes genügen bereits ein, zwei Kletterrosen, an einem einfachen Pfahl aufgebunden, als freundliche Begleiter der Stille. Oder man wählt ein Ziergehölz, das durch Blattfärbung, Blattform oder reichen Blütenschmuck dem Sitzplatz besonderen Charakter verleiht: einen Japanischen Ahorn, eine dunkelrot belaubte Berberitze, einen Schmetterlingsstrauch oder den im späteren Sommer blühenden Gartenhibiskus.

Stellt der Sitzplatz eine Ergänzung bzw. Alternative zur Terrasse dar, kommt ein weiterer Gesichtspunkt hinzu: Bei entsprechender Standortwahl kann man unter Umständen je nach Bedarf von sommerlicher Hitze in kühlenden Schatten wechseln. Denn meist wird es auf der Terrasse durch die reflektierende Hauswand etwas wärmer – manchmal sogar unangenehm heiß – als weiter hinten im Garten, wo das Grün Kühle spendet. Je nach Lage kann zudem der eine Platz windgeschützt sein, während am anderen ein leichtes Lüftchen weht, genießt man hier die am Morgen als angenehm empfundenen Sonnenstrahlen und dort den Schatten in der größten Hitze des Tages. Während man andererseits den Gartenplatz an Spätsommerabenden nicht mehr ohne Strickjacke nutzen kann, ist es am Haus um dieselbe Zeit möglicherweise noch gemütlich warm. Wird er ganz gezielt in einer eher schattigen Ecke, etwa unter größeren Gehölzen, angelegt, muß allerdings die Bepflanzung der Umgebung diesen Lichtverhältnissen Rechnung tragen. Hierzu sei auf das Kapitel »Bezaubernde Schattenpartien« verwiesen; die dort genannten Vorschläge lassen sich auch auf den Sitzplatz übertragen.

Der Gartenkamin

Hell flackerndes Feuer im Dunkel der Nacht übt auf den Menschen eine fast magische Wirkung aus – das war vor Urzeiten so und ist heute nicht viel anders. Wo die Flamme aus dem aufgeschichteten Holz züngelt, verstummen zunächst die Gespräche, und wir spüren so intensiv wie selten die Umgebung des Gartens mit seinem nächtlichen Leben. Eine Feuerstelle am Sitzplatz muß also nicht unbedingt dem Grillen vorbehalten bleiben; sie kann einzig und allein dazu dienen, Stimmung zu erzeugen, sollte aber möglichst sicher angelegt sein, um eventuelle Schäden zu vermeiden. Die einfachste Möglichkeit besteht im Aufmauern von größeren Natursteinen, den nach vorne offenen Feuerraum kann man zusätzlich mit Schamottplatten auslegen, um die Zementfugen vor Überhitzung zu schützen. Gefahr besteht dann nur noch für nebenstehende Gehölze oder Kübelpflanzen, wenn ihre Triebe von hochzüngelnden Flammen oder Hitzewellen erreicht werden. Daß auch eine halbge-

Kübelpflanzen und grüne Kulisse integrieren selbst wuchtige Gartenkamine

schlossene Feuerstelle nicht sich selbst überlassen werden darf, ist selbstverständlich, ebenso, daß bei Anwesenheit von Kindern besondere Vorsicht geboten ist.

Aufwendiger und teurer, aber auch attraktiver sind sogenannte Gartenkamine, wie sie der Handel anbietet. Aus Natursteinen gemauert oder strahlend weiß, bestehen sie aus der Feuerstelle und dem hochragenden Schlot, der beißenden Rauch sicher ableitet. Derartige Kamine wirken immer ziemlich wuchtig und beherrschen die Szenerie, so daß man sich den vorgesehenen Platz und seine Umgebung genau anschauen sollte, bevor man sich zum Kauf entschließt. Das Areal muß recht geräumig sein, damit der Sitzplatz nicht erdrückt wird und alles andere in den Hintergrund gerät. Man kann dem Kamin etwas von seiner Vorrangstellung nehmen, ohne daß er an Wirkung einbüßt, indem man ihn mit großen Kübelpflanzen umstellt oder von vornherein vor einer grünen Pflanzenkulisse plaziert. Denn der Sitzplatz wird ja nicht nur nach Anbruch der Dunkelheit genutzt, wenn allein das Feuer die Blicke auf sich zieht.

Wer gerne grillt und genügend Platz im Garten hat, sollte die Installation eines gemauerten »Fetenraums« erwägen. Kübelgewächse in Holz- und Terrakottagefäßen passen zum rustikalen Möbel ebenso wie zum Bodenbelag

Der Grillplatz

Es hängt ganz vom zur Verfügung stehenden Platz und von den Lebensgewohnheiten ab, ob man sich für einen fest installierten, also gemauerten Grill entschließt oder lieber bei den kleineren, mobilen Modellen bleibt, die in den verschiedensten Ausführungen bis hin zu Tischgeräten auf Rädern angeboten werden. Wo nur gelegentlich oder im engsten Kreis gegrillt wird, Geselligkeit mit Kulinarischem weniger gefragt ist, lohnt es kaum, einen speziellen Grillplatz einzurichten. Hier tut es ein tragbares Gerät, das man am Sitzplatz oder auf der Terrasse auf eine feuerfeste Unterlage, zum Beispiel auf ein Backblech, stellt.

Der spezielle Platz zum Grillen, der nur diesem Zweck dient, auf dem Feste gefeiert und demzufolge viele Gäste untergebracht werden müssen, sollte in sich abgeschlossen und auch auf besondere Weise gestaltet sein. Beliebt ist eine sogenannte Sitzmulde, ein ummauertes Halbrund beispielsweise mit zum Mauerwerk passendem Bodenbelag und integrierten Sitzbänken, ebenfalls aus Stein. Natürlich ist auch jede andere Möblierung möglich, sofern sie nur rusti-

kal genug und dem Charakter der meist eher formlosen Feten im Freien angepaßt ist. Eingefügte Abstufungen, ein Extrasockel für den gemauerten Grill, eine Ablagehöhle mit malerischen großen Holzscheiten fürs Lagerfeuer und altertümliche Leuchten sorgen für die richtige Atmosphäre. Auch eine völlig andere Gestaltungsdramaturgie wäre denkbar, beispielsweise durch Verbauen von starken Holzpalisaden, die den Part des Mauerwerks übernehmen könnten. Hier würde man sich wahrscheinlich für schwere, natürliche Holzmöbel entscheiden, zu denen bepflanzte, halbierte Fässer ebensogut passen wie große Kübel aus Holz. In jedem Fall ist der separate Grillplatz etwas Besonderes, für andere Gelegenheiten kaum zu nutzen und eigentlich nur dann wirkungsvoll, wenn Leben auf ihm herrscht, Für den, der des bunten Treibens eines Tages müde ist oder aus anderen Gründen auf Feste und Feten verzichtet, bleibt eine interessante Alternative, die verhindert, daß die aufwendig geschaffene Mulde zum »toten Inventar« wird: In diesem Areal läßt sich trefflich eine große Kübelpflanzensammlung unterbringen.

Licht im Garten

Werden Lichtquellen im Garten angebracht, haben sie vor allem zwei Aufgaben: Entweder sind es reine Zweckleuchten, die an Zugängen, Treppen oder Wegen für Sicherheit beim Begehen im Dunkeln sorgen; oder es handelt sich um Lampen, Strahler, Punktleuchten der verschiedensten Art, mit denen man interessante Effekte erzielen will, dem Garten bei Dunkelheit ganz neue Dimensionen verleiht, einzelne Pflanzengestalten oder -gruppen wirkungsvoll hervorhebt, in bestimmten Partien Licht- und Schattenspiele herbeizaubert. Seit einiger Zeit sind zu den herkömmlichen Beleuchtungskörpern noch sogenannte Bewegungsmelder gekommen, die automatisch an- und nach einer gewissen Zeit wieder abschalten; sie dienen sowohl der Bequemlichkeit als auch der Sicherheit, weil sie auf Bewegungen reagieren und damit unerwünschte Besucher abschrecken können.

Atmosphäre durch Lichteffekte

Gartenleuchten, die Stimmung schaffen sollen, dürfen nicht zu hoch angebracht werden, um eine unerwünschte Blendwirkung auszuschließen. Pflanzen und Gegenstände kommen am besten zur Geltung, wenn man sie von unten anstrahlt, wobei Lichtquellen im Gewirr von Ranken und Blättern, beispielsweise an einem Mauerdurchgang oder Tor, die Ausnahme darstellen. Sie hellen das Dunkel auch in Kopfhöhe oder darüber auf, tun aber den Augen nicht weh. Niedrige Kugelleuchten entlang eines Wegs verbreiten ein angenehmes Streulicht und heben die Pflanzen in ihrer Nähe aus der Dunkelheit heraus, ohne die Konturen zu überzeichnen.

Gartenstrahler, ortsfest montiert oder durch einen Erdspieß mobil, verbreiten in der Nahdistanz eher unangenehme, harte Lichteffekte, haben dafür aber eine Fernwirkung, wenn etwa ein monumentaler Baum von unten angestrahlt oder das Ufer des Teichs ausgeleuchtet werden soll. Daß eine Leuchte dieser Art stets vom Ort des Betrachters, zum Beispiel vom Sitzplatz, abgewendet sein muß, versteht sich von selbst.

Lampen und Leuchten schaffen Stimmung und Atmosphäre im abendlichen Garten ...

Teichdetails gewinnen durch Ausleuchten neue Konturen

Größte Zurückhaltung mit buntem Licht ist gerade im Garten geboten. Durch die unnatürlichen Farbeffekte wird nicht nur jede Atmosphäre zerstört, sondern auch das Pflanzenkolorit so verfälscht, daß jeder Charme und der ganze Zauber hin sind. In Creme oder gedecktem Weiß strahlende Leuchten spenden dagegen warme Töne und erzeugen Wohlbehagen nicht nur fürs Auge.

Leuchten sicher installieren

Alle Anschlußarbeiten müssen vom Elektriker ausgeführt werden, weil nur der Fachmann über die erforderlichen Kenntnisse der Vorschriften verfügt und für die Sicherheit garantieren kann. Falsche oder fehlerhafte elektrische Installationen stellen eine unwägbare Gefahrenquelle dar, erst recht, wenn kleine Kinder im Garten spielen. Daß man sich auf eingehaltene Sicherheitsbestimmungen bei Handelsprodukten nicht blindlings verlassen kann, zeigt eine Untersuchung des Schweizerischen Elektrotechnischen Vereins, der Außenleuchten in der Eidgenossenschaft unter die Lupe nahm. Dabei kam heraus, daß 80 % der von dieser Organisation geprüften Strahler für den Außenbereich sicherheitstechnische Mängel aufwiesen, bei den sogenannten Ständeraußenleuchten waren es 70 %. Möglicherweise ist diese bedenkliche Quote in anderen Ländern nicht ganz so hoch, doch warum ein vermeidbares Risiko eingehen?
Bevor es an die Installation von Leuchten und Lampen gleich welcher Art geht, sollte in jedem Fall eine Beleuchtungsprobe vorgenommen werden. Strahler mit Erdspieß,

die an ebenfalls mit einem Spieß versehene Außensteckdosen angeschlossen werden – wofür übrigens kein Elektriker herangezogen werden muß –, sind mobil und lassen sich jederzeit in die entsprechende Position bringen. Ortsgebundene Beleuchtungskörper können dagegen nicht so ohne weiteres wieder ihren Platz wechseln und müssen deshalb vor der endgültigen Installation darauf getestet werden, ob sie an der vorgesehenen Stelle den erwünschten Effekt auch wirklich erzielen, sei es in bezug auf Sicherheit im Dunkeln oder auf wirkungsvolles Ausleuchten bestimmter Partien.

Es geht auch ohne Strom

Muß es denn immer das Licht aus der Steckdose sein, mit dem man das Dunkel sommerlicher Abende und Nächte transparent macht? Zumindest am Sitzplatz gibt es noch andere, vielleicht sogar reizvollere Möglichkeiten. Petroleumlampen beispielsweise, die man in nostalgischem Outfit heute wieder kaufen kann, alte Stallaternen, als Imitation oder im Original, Kutschenleuchten, Grubenlichter und vieles andere mehr geben der gemütlichen Runde oder trauter Zweisamkeit das romantische Flair, Fackeln aus dem Campinghandel spenden bewegtes Licht, ebenso Petroleumkartuschen, die auf Bambusstäben montiert sind. Zum Ausleuchten des Gartens, besonders eindrucksvoller Details oder einzelner Pflanzen sind solche Leuchtkörper freilich nicht geeignet, dafür passen sie besser zum flackernden Feuer des Außenkamins als Glühbirnen.

... und sorgen als Wegbegleiter für sicheres Geleit im Dunkeln

Wege zum Ziel

Wege, Pfade, Trittsteine oder die vom Mäher freigeschnittene Schneise in der Blumenwiese werden mit dem Ziel angelegt, vom einen Ort zum anderen zu gelangen, sind also zunächst einmal zweckgebunden. Wenn das tatsächlich ihre einzige Funktion wäre, könnte man sich die Sache einfach machen und brauchte auf Gestaltungsfragen keine weiteren Gedanken zu verschwenden. In Wirklichkeit ist es jedoch gerade umgekehrt: Wie und wo ein Weg verläuft, ob er breit oder schmal ist, die Wahl des Belags, die Randbepflanzung und die Nachbarschaft, der Anfangs- und Endpunkt – alles ist mitbestimmend für den Gesamteindruck der Gartenlandschaft.

Ein Weg muß wie alle Gartenelemente mit der Umgebung harmonieren, zum Stil der übrigen Gestaltung passen. Wenn er an der Terrasse entspringt oder an einem Sitzplatz endet, wäre es günstig, für die jeweiligen Bodenbeläge im »Einzugsbereich« dieser Stationen ähnliche Materialien zu wählen, um Brüche zu vermeiden. Letztlich muß das Auge entscheiden, was vertretbar ist und was nicht zusammenpaßt. Gerade im Bereich von Natur- und Industriesteinen gibt es andererseits durchaus unterschiedliche Produkte, die dennoch miteinander korrespondieren. Verschiedene, nicht zu auffällige Farbabstufungen erlauben es dann, eine durchgehende Fläche durch Einfügung von schmalen, kontrastierenden Bändern zu unterbrechen und optisch aufzuwerten oder dezente Muster einzufügen. So wird beispielsweise ein Ziegelsteinbelag durch lichtgraues Granitkleinpflaster aufgehellt, ein Weg aus den etwas in Verruf geratenen, weil als Billigmaterial früher überall verlegten Waschbetonplatten geradezu geadelt, wenn man ihn hier und da mit Klinkersteineinlagen unterbricht. Freilich ist es gerade bei Mischungen wichtig, daß man nicht über das Ziel hinausschießt und am Ende vor einem buntgewürfelten Durcheinander von Formen, Farben und Materialien steht.

Zwei Extrembeispiele sollen veranschaulichen, was mit Disharmonie, mit Unvereinbarkeit beim Wegebau gemeint ist: Wer tief in den Geldbeutel greift und sich einen Marmorboden für seine Terrasse spendiert, wäre schlecht beraten, würde er den Weg in den Garten mit Rindenmulch belegen; und wo der Sitzplatz am Teich mit gebrochenem Sandstein ausgestattet wurde, sollte man für den gepflasterten Zugang nicht gerade Betonformsteine verwenden.

Hier hat sich jemand viel Mühe gemacht: interessant verlegte Riegelklinker, angrenzend kontrastierendes Steinpflaster

Weglösungen und Lösungswege

Der Wegverlauf wird von Start und Ziel bestimmt. Schnurgerade Achsen verleihen dem Wohngarten jedoch leicht einen etwas starren, formalen Charakter, sind allerdings manchmal unvermeidbar, zum Beispiel entlang einer über mehrere Meter verlaufenden Staudenrabatte oder unter einem langgestreckten Laubengang. Ist der Garten schmal, darf auch der Weg nicht zuviel Platz beanspruchen, damit die Proportionen stimmen. In einem naturnahen Garten macht es sich manchmal besser, auf durchgehende Beläge ganz zu verzichten und statt dessen einzelne Trittplatten zu verlegen. Eine andere Möglichkeit wäre hier ein Weg aus Granitkleinpflaster, bei genügend Platz auch Großpflaster aus gelbem oder rotem Sandstein; in beiden Fällen sollten die Fugen frei bleiben, damit sich in ihnen Gräser und Moose ansiedeln können und den harten Eindruck des Materials mildern.

Wo es die Raumverhältnisse zulassen, sehen leicht geschwungene Pfade immer am gefälligsten aus. Optisch reizvoll ist es beispielsweise, wenn man den Weg auf einen als Raumteiler fungierenden großen Strauch zustreben läßt und dann um diesen herum in das nächste Gartenareal führt. Nicht ständig mit der Schubkarre oder dem Rasenmäher befahrbar, aber als Pfad zum Ziel durchaus geeignet, sind große, unregelmäßig angeordnete **Natursteinplatten** mit Bepflanzungsmöglichkeiten in den Zwischenräumen und im Randbereich. Hier kann so ganz nebenbei etwas entstehen, was im Lauf der Zeit immer mehr einem Steingarten ähnelt, wenn man niedrige, sich ausbreitende Arten wählt.

Begrünte Natursteinfugen mit blühenden Steinnelken: eine Weglösung für Freunde des naturnahen Gartens

Läßt sich einfach anlegen und sieht gut aus: ein Weg mit Kiesel- oder hellen Schottersteinen als Belag

Wege mit grünenden, blühenden Kissen gibt es zum Beispiel mit Steinbrech *(Saxifraga trifurcata)*, Moosstein-brech *(Saxifraga* x *arendsii)*, Günsel *(Ajuga reptans)*, Mauer-pfeffer *(Sedum acre)*, Polsterphlox *(Phlox subulata)* und ver-schiedenen Thymianen.

Manchmal ist es überhaupt erst der **Blumenrahmen**, der einem Pfad oder Weg Gestalt und Format verleiht. Stein- und Plattenbeläge für sich allein wirken insbesondere im kleineren Garten fast immer eintönig, trist, uncharmant wie Stahlmöbel in der Zahnarztpraxis. Auflockerung, Farbe und Auflösung harter Linien bringen auch hier wieder teppich-bildende Pflanzenarten, die seitlich über die Steine wuchern, aber auch vom Rand her überhängende Klein-sträucher oder niedrige Sommerblumen, deren Zusammen-stellung sich jedes Jahr variieren läßt.

Der früher häufig verwendete **Kies** ist heute nicht mehr so gefragt; eigentlich schade, denn er ist preiswert, kann von jedem Gartenbesitzer selbst verlegt werden und sieht sauber aus. Sofern der Untergrund einigermaßen durchlässig ist, bedarf es keiner Dränageschicht, die Kiesel kommen auf ein festgestampftes oder -gewalztes Bett aus Splitt oder Schot-ter, wobei sich eine Randeinfassung als praktisch erweisen dürfte; andernfalls werden die kleinen Steine in benachbar-te Pflanzungen oder in den Rasen getreten, wo sie dann zwischen die Messer des Mähers geraten. Als Kantenbegren-zung lassen sich druckimprägnierte Vierkanthölzer verwen-den, oder man setzt Ziegel-, Klinker- bzw. Pflastersteine in einen schmalen Betongürtel. Wichtig ist, daß die Schicht unter dem Weg von der Mitte nach den Seiten hin ein

leichtes Gefälle erhält, damit Wasser abfließen kann und man sich auch nach einem Platzregen keine nassen Füße holt. Ob zum Abdecken scharfkantiger Brech- oder abge-rundeter Flußkiesel verwendet wird, hat auf die Qualität des Belags keinen Einfluß; ebensowenig wie auf den Unkrautdurchwuchs, der einen Nachteil dieses Wegbelags darstellt und gelegentliches Jäten unumgänglich macht.

Der Spielweg

Wie aber, wenn man sich entschließt, im Garten, der ja ein Wohngarten für die ganze Familie sein soll, alle Gestal-tungskriterien über den Haufen zu werfen – der Kinder zuliebe? Wenn der Weg zunächst als Tobe-, Bolz- und Spiel-bahn dienen soll? Dann sollte man das getrost als vorüber-gehende Konzession an die Sprößlinge begreifen und gleich Nägel mit Köpfen machen. Ein schmaler, womöglich gewundener Pfad taugt nicht für diesen Zweck, die Fläche muß genügend breit, gerade und eben und mit fugendich-ten Platten belegt sein. Werden unterschiedlich gefärbte Vierecke im Schachbrettmuster verlegt, sind Hüpfspiele ohne Zuhilfenahme von Kreide möglich – die Anlage soll ja ihren Sinn und Zweck gar nicht schamhaft verbergen. Eines Tages, wenn der Nachwuchs aus dem Spielalter heraus ist, hat sich die ganze Sache ohnedies erledigt und man kann sich überlegen, wie man die Fläche neu gestaltet – je nach Lage im Garten vielleicht als Erweiterung des schon beste-henden Rasens, durch Verkleinerung und seitliche Be-pflanzung als hübschen blumenumkränzten Pfad oder als Platz für eine Pergola.

Gartendekorationen als Blickpunkte

Gartendekorationen aus totem Material sind eines der heikelsten Probleme bei der Gestaltung. Gar zu leicht verliebt man sich beim Besuch eines Gartencenters, von Messen oder Flohmärkten in das eine oder andere, kauft es vielleicht für teures Geld und stellt dann daheim fest, daß es eigentlich nirgendwo hinpaßt. Weil das gute Stück aber nun einmal da ist, muß es auch seinen Platz finden – und macht dann unter Umständen die ganze Atmosphäre einer Gartenecke kaputt, bringt den Besitzer vielleicht sogar in den Ruf mangelnden Geschmacks.

Um dieser Gefahr aus dem Weg zu gehen, sollte grundsätzlich zuerst der Standort einer Skulptur, großen Vase oder Säule festgelegt werden, bevor man sich zum Kauf ent-

schließt. Damit wird gleichzeitig vermieden, daß man ein raumgreifendes Monument erwirbt, das überhaupt nicht mit der Gartengröße oder dem Bereich harmoniert, für den es vorgesehen ist. Je kleiner das Areal, desto sparsamer muß mit Dekorationen umgegangen werden.

Was paßt?

Einen weiteren kritischen Punkt stellt das Material dar. Ton, Terrakotta, Keramik, Marmor und andere Natursteine, Holz, Beton, Bronze, Blei, Kupfer und Eisen bis hin zu Kunststoff und Fiberglas – es ist alles vertreten, und entsprechend riesig gestaltet sich die Palette der Gegenstände, die unter »Gartenkunst« im weitesten Sinn firmieren. Kleine Tierfiguren können als Beiwerk fast überall Platz finden und fallen kaum störend auf, solange sie nicht gehäuft versammelt sind. Schildkröten, Frösche, Vögel, Salamander passen an den Teichrand oder zumindest in Wassernähe, auch ein Brunnentrog oder eine schön gestaltete Vogel-

Das Einbeziehen figürlicher Darstellungen in den Garten verlangt schon etwas Fingerspitzengefühl bei Auswahl und Plazierung.
Eine Vogeltränke (kleines Bild) paßt dagegen fast überall und kann mit anderen Dekorationselementen kombiniert werden

tränke fügen sich gut ein. Sonnenuhren gibt es in den unterschiedlichsten Ausführungen aus Metall oder Stein, desgleichen Schalen und andere flache Dekorationsgefäße – alles Elemente, die in der Regel mit dem pflanzlichen Interieur des Gartens in Einklang stehen.

Kritisch wird es bei figürlichen Darstellungen, die entweder nach klassischen Vorbildern oder frei nach Phantasie gefertigt sind. Mit ihnen, auch mit Büsten und erst recht mit Säulen in korinthischem oder dorischem Stil muß man ebenso vorsichtig sein wie mit großen, konisch zulaufenden Obelisken, die häufig noch mit einer aufgesetzten Kugel geschmückt sind. Solche Monumente verlangen den entsprechenden Rahmen und dürfen keinesfalls einfach irgendwo hingestellt werden. Statt dessen kann eine kleine Statue auf einem niedrigen Sockel unaufdringlich die Blicke auf sich ziehen, wenn sie vor einer grünen Pflanzenkulisse steht, zwischen Blumen am Sitzplatz hervorleuchtet oder an einem Durchgang zum Betreten einlädt.

Ausnehmend schön machen sich große Vasen oder Urnen aus Ton bzw. Terrakotta, in den Naturfarben belassen oder glasiert. Man kann sie für sich allein wirken lassen, aber auch mit bunten Sommerblumen bepflanzen, besonders wenn es sich dabei um eher flache, breite Behälter handelt. Ähnliches gilt für Flechtkörbe und sogenannte Versailler Vasen aus Kunststein, stilisierte Natursteinerzeugnisse und Amphoren. An einem größeren Gartenteich kann man einen interessanten und außerordentlich reizvollen Effekt erzielen, wenn eine große Terrakotta-Urne nicht aufrecht hingestellt, sondern waagerecht an den Rand gelegt wird, so daß das Wasser die Öffnung zur Hälfte umspült.

Es gibt aber auch bescheideneres Beiwerk, möglicherweise aus dem eigenen oder aus ländlichem Haushalt, das sich als Schmuck im Garten verwenden läßt und hier plötzlich zu ganz neuen, ungeahnten Ehren kommt. Da ist zum Beispiel der alte Holzschubkarren mit dem robusten Speichenrad, der in einer Scheune oder einem längst nicht mehr seinem Zweck dienenden Stall von vergangenen Aktivitäten träumt. In einem heiteren, farbenfrohen Garten kann er als Quartier für Sommerblumen herhalten, nachdem die Transportmulde mit Folie ausgelegt wurde. An einer Holzegge, wie sie früher von Pferden über die Äcker gezogen wurde, lassen sich bepflanzte Ampeln oder Körbchen befestigen, ebenso an einem schräg gegen eine Mauer oder einen Zaun gelehnten Wagenrad. Längst nicht mehr für den Gebrauch bestimmte Suppenterrinen und anderes vorväterliches Geschirr, das man häufig auf Flohmärkten findet, gibt originelle Pflanzgefäße her und wird durch Blütenschmuck geadelt. Humorvolle Gärtner machen in ihrem Gestaltungsdrang auch vor Großvaters Nachtgeschirr nicht halt – ein »Blickpunkt« ist es allemal.

Verspottet, verpönt, als Geschmacklosigkeit abgetan – demonstrativ drehen diese Gartenzwerge ihren Kritikern den Rücken zu

Plädoyer für den Gartenzwerg

Nun könnte man es sich bequem machen und des Deutschen wohl liebstes Requisit mit Nichtachtung übergehen: den Gartenzwerg. Aber wenn schon von Figuren und Skulpturen die Rede ist, wäre es unredlich, den Wichtel mit Zipfelmütze und Rauschebart zu ignorieren. Ob aus Plastik, Ton oder Keramik – er spielt in vielen Gärten nun einmal eine Hauptrolle an der Rampe der grünen Bühne, ob im Vorgarten zum allgemeinen Bewundern, in Blumenbeeten, am Teich, als Wächter des Steingartens oder im Ensemble auf mit weißem Kies bestreutem Rund.

Steinerne Löwen, lebensgroße Bronzekraniche am Gartenteich, armlose griechische Göttinnen, speerwerfende Jünglinge aus Sparta oder ein bärtiger Zeuskopf als Wasserspeier: Alles versammelt sich heute im Garten und wird – ob zu Recht oder nicht – bewundert. Nur der Gartenzwerg geht leer aus, professionelle Gestalter strafen ihn mit Verachtung, der Bildungsbürger rümpft die Nase, schaut weg und schwört sich, den Wichtelbesitzer niemals mehr zum Kaffee einzuladen. Am harmlosen Knirps scheiden sich die Geister, er beschäftigt Justitia, bringt Literaten in Rage und steht – für manche als Inbegriff der Geschmacklosigkeit – dennoch vergnügt im Rasen und vor Rosen. Lassen wir ihn also an seinem angestammten Platz, denn ein Garten soll so sein, wie ihn sein Besitzer haben möchte; und wenn der Zwerg dazu beiträgt, daß sich der Gärtner wohl fühlt, hat er mit seiner Zipfelmütze mehr zuwege gebracht als die göttliche Bronzediana mit ihrem Bogen.

Der Garten im Garten

Der Wunsch nach Spiel, Spaß, Freizeitbeschäftigung im eigenen Grün schließt nicht aus, daß man auch speziellen Neigungen und Liebhabereien im Umgang mit Pflanzen nachgehen kann. Fast immer finden sich im Wohngarten Möglichkeiten, kleine Reservate abzuteilen und gesondert zu gestalten, ohne daß der Gesamteindruck der Anlage dadurch Schaden nimmt – sozusagen einen Garten im Garten zu schaffen, der sich von der Größe her auf das notwendige Mindestmaß beschränkt. Der Reiz des Kleinen und Kleinsten wird häufig unterschätzt, weil wir gewohnt sind, die Augen – zunächst jedenfalls – wie ein Weitwinkelobjektiv zu gebrauchen und den Blick erst später auf Details zu richten. Dabei kann ein geschickt plazierter Tuffstein, aus dessen Löchern und Fugen reizende Steinbrechpolster mit ihren Miniblütchen hervorlugen, den Schritt verhalten lassen und zur Betrachtung einladen. Oder ein Naturtrog im Format eines Schuhkartons mit zwergigen Wildalpenveilchen, einer Mischung niedrig bleibender Sommerblumen, in einer schattigen Ecke vielleicht mit Farnwinzlingen und Funkien – die Möglichkeiten, Schönes und Interessantes auf kleinem Raum wirkungsvoll unterzubringen, sind nahezu unerschöpflich. Wieviel mehr Spielraum hat man erst, wenn sich irgendwo eine Ecke, ein kleiner Platz zu einem bestimmten Gartentyp umfunktionieren läßt ...

Der Bauerngarten

Beim Stichwort Bauerngarten denkt man unwillkürlich an buchsgesäumte Pfade, die am mit einer Hochstammrose geschmückten Wegekreuz zusammenlaufen, an geometrisch angelegte Quartiere mit Kohl und Porree, Gurken und Rettichen, zu denen an den Rand gesetzte Blumen hinübernicken. Das läßt sich natürlich machen, indem man den herkömmlichen Gemüseteil in einen Bauerngarten alten Stils ummodelt. Im Wohngarten, der vorwiegend anderen Zwecken dient, ist Beschränkung angesagt, doch kein Verzicht auf einen Hauch Nostalgie – sofern man das möchte. An Stelle der Prachtstaudenrabatte oder als deren Ergänzung wäre ein Beet denkbar, das mit einer ganz bestimmten Auswahl »alter« Blumen gefüllt wird, die hier kunterbunt durcheinanderwachsen können: Frühlingsprimeln für einen zeitigen Blütengruß, Rittersporarten, Eisenhut im schattigen Eck, Tränendes Herz, Gedenkemein, Frauenmantel,

Storchschnabel, Akelei und Fingerhut, alle mehr oder weniger ausdauernd, erinnern an frühere, schlichte Gärten, in denen Blumen noch regelmäßig für die Vase geschnitten wurden. Eine handhohe Umrandung aus Einfassungsbuchs *(Buxus sempervirens* 'Suffruticosa') kann zusätzlich deutlich machen, was mit diesem Areal gemeint ist.

Bietet sich vielleicht irgendwo an sonniger Stelle eine Mauer, ein Zaun, ein Gartenhäuschen als Anlehnhilfe an? Auf einem flachen, von einer niedrigen Natursteinmauer eingefaßten Hügel könnten hier Küchenkräuter zu stehen kommen: blau blühender Borretsch, Thymian, Salbei, Majoran und ganz hinten Dill und der bis zu 2 m hohe Liebstöckel. Die Düfte, die von dieser aromatischen Versammlung ausgehen, ziehen bis weit ins Gelände hinein, locken Bienen und andere Insekten unwiderstehlich an. Ein Platz für Kräuter, wie er früher in keinem Garten fehlte, läßt sich auf diese – oder andere – Weise gut integrieren, fällt, wenn überhaupt, nur angenehm auf und ist vom Wohnhaus schnell zu erreichen. Frostempfindlichen Rosmarin stellt man im hübschen Terrakottatopf gleich daneben und holt ihn im Winter unters Dach.

In einem mittelgroßen Garten durchaus machbar: Bauerngarten-Séparée mit vier kleinen Beeten

Zugegeben, mit einem »richtigen« Bauerngarten hat das alles nur am Rande zu tun, es sind lediglich einige Stilelemente, Pflanzen und Pflanzengemeinschaften, die daran erinnern. Wer besondere Freude an nostalgischen Formen hat und sie, wenn auch nur im kleinen, bei sich wiedererstehen lassen möchte, kann auch noch einen Schritt weitergehen. Trennen Sie doch, sofern dann noch genügend Platz für andere Gartenbedürfnisse bleibt, ein paar Quadratmeter des Wohngartens für ein Bauerngärtchen ab, durch einen mit kletternden Wicken oder anderen Klimmern berankten Flechtzaun, durch zwei, drei Büsche oder auch durch eine immergrüne, nicht zu hohe Hecke. Ebenfalls möglich wären zwei Zaun- oder Gatterelemente mit einem schlichten Tor dazwischen, das man aus Brettern und Latten sogar selbst zusammenschrauben und passend anstreichen kann. Je nach Platzangebot begnügt man sich dann mit einem einzigen Mittelpfad, der das Areal in zwei Hälften teilt, vielleicht ist aber auch genügend Raum für ein Wegekreuz – gestalterischen Ideen sind hier keine allzu engen Grenzen gesetzt. Für die Einfassung braucht es kein Buchs zu sein, Naturmaterialien wie Sandsteine, rohe Rundstämme, Vier-

kanthölzer, senkrecht in den Boden eingelassene, kurze Palisaden oder auch niedrige Polstergewächse, zum Beispiel weißblühendes Steinkraut *(Alyssum saxatile)*, tun es auch. Die Wege deckt man mit Rindenmulch ab, das wirkt natürlich, sauber und unterdrückt Unkrautwuchs. Die Kulturflächen können nun nach Belieben mit Gemüse und Kräutern bepflanzt werden, wobei sich für einige Blumen noch irgendwo ein Plätzchen finden lassen sollte.

Natürlich sind von so einem Bauerngärtchen en miniature keine Rekorderträge zu erwarten, doch man setzt sich ja auch Rosen nicht in den Garten, um davon Sträuße für den Verkauf zu binden. Das kreative Spiel mit Farben und Formen, der Spaß am Experiment und die Freude darüber, wenn es gelungen ist – dies alles macht das Leben im und mit dem Garten so reizvoll und spannend. Warum soll das nicht auch bei der grünenden, blühenden Bauernstube der Fall sein? Zumal sich dieses Appartement jedes Jahr neu und nach eigenen Einfällen und Vorlieben mit Pflanzen möblieren läßt.

Großes Bild:
der Kräuterhügel – ein
Bauerngartenelement, das
in jeden Wohngarten
paßt.
Kleines Bild:
Einfassungsbuchs kann
auch durch runde Palisa-
denhölzer ersetzt werden

Der Steingarten

Waren beim Bauerngarten, vom letzten Beispiel abgesehen, im Wohngrün nur ausschnittweise Annäherungen an traditionelle Vorbilder möglich, so tut man sich mit dem Steingarten oder Steinbeet weit weniger schwer. Der Platz mag noch so begrenzt sein, einige pflanzliche Kostbarkeiten, zwischen Steinbrocken gesetzt, lassen sich immer unterbringen, stechen von der Umgebung ab und geben dem Fleckchen Erde sein besonderes Flair. Selbst der schon erwähnte Tuffblock bietet sich als Quartier für die kleinen, genügsamen Schönheiten an, wie sie für Steingärten charakteristisch sind. Ein sonniger Hang unterhalb der Terrasse ist geradezu ideal, um dort eine entsprechende Minilandschaft zu modellieren.

Wichtig ist ein gut durchlässiger Boden, der schnellen Wasserabzug gewährleistet. Nässe um die Wurzeln, vor allem im Winter, wird von den Felsbewohnern nicht vertragen, so daß man die Erde am Pflanzplatz eventuell ausheben und den Untergrund mit einer etwa 15 cm starken Kiesdränage versehen muß. Als Substratschicht eignet sich jeder gute, lockere Gartenboden, den man im Bedarfsfall durch Zugaben von Sand und/oder Kompost verbessern kann. Für alpine Raritäten gelten andere Voraussetzungen, aber die gehören dann auch schon in den »richtigen« Steingarten des versierten Pflanzenliebhabers.

Nicht zuviel des Guten darf man einer begrenzten Fläche bei der Wahl der Steine zumuten. Eine Überfrachtung mit womöglich großen Brocken verschiedenster Art zerstört jede Harmonie und degradiert die Pflanzenminiaturen zu Statisten. Man sollte deshalb immer nur ein einziges Steinmaterial wählen, beispielsweise Sandstein, mit dem sich kaum etwas falsch machen läßt. Die Einzelstücke werden stets flach gelegt, niemals hochkant gestellt, damit ein natürliches Bild entsteht. Ist der Felsgarten etwas größer geraten, empfiehlt es sich, zur bequemeren Pflege und um die Pflanzen zu schonen, einige Trittplatten zu verlegen, die nicht groß zu sein brauchen. Haben sich die Pflanzen erst einmal ausgebreitet, ist von dem Beiwerk ohnedies nicht mehr viel zu sehen. Die in der nebenstehenden Übersicht genannten, für den kleinen Steingarten oder das Steinbeet geeigneten Arten werden zwischen 10 und 20 cm hoch und stellen lediglich eine Auswahl dar.

Steingärtchen direkt vor der Terrasse; Zwergnadel und -laubgehölze fügen sich harmonisch ein

Gelungene Kombination: Die Steine prägen den Charakter, lassen aber genug Raum für die Wirkung von Heidenelke & Co.

Pflanzen für das Steingärtchen

Deutscher Name	Botanischer Name	Blütenfarbe	Blütezeit
Steinkraut	*Alyssum saxatile*	gelb	IV–VI
Mannsschild	*Androsace sarmentosa*	rosa	V–VI
Katzenpfötchen	*Antennaria dioica*	rosa, weiß	V–VI
Gänsekresse	*Arabis*-Arten	weiß, rosa	IV–V
Blaukissen	*Aubrieta*-Hybriden	blau, rot	IV–V
Glockenblume	*Campanula*-Arten	blau, weiß	VI–VIII
Hungerblümchen	*Draba*-Arten	gelb	IV
Silberwurz	*Dryas octopetala*	weiß	V–VI
Berufkraut	*Erigeron*-Arten	blau, weiß	VI–VIII
Storchschnabel	*Geranium*-Arten	rosa, rot, violett	VI–VIII
Schleierkraut	*Gypsophila*-Arten	weiß, rosa	V–VIII
Strohblume	*Helichrysum milfordiae*	blaßrosa	V–VII
Leberblümchen	*Hepatica nobilis*	blau, weiß	III–IV
Schleifenblume	*Iberis saxatilis*	weiß	V–VI
Bitterwurz	*Lewisia*-Hybriden	weiß, gelb, rot	VI–VIII
Vergißmeinnicht	*Myosotis rehsteineri*	blau	IV–VII
Bartfaden	*Penstemon*-Arten	blau, rot	V–VII
Polsterphlox	*Phlox subulata*	blau, rot, weiß	V–VI
Fingerkraut	*Potentilla*-Arten	gelb, rot	V–VIII
Primel	*Primula*-Arten	in vielen Farben	III–VI
Seifenkraut	*Saponaria ocymoides*	rosa, weiß	V–VIII
Steinbrech	*Saxifraga*-Arten	weiß, lila, gelb	VI–VIII
Fetthenne	*Sedum*-Arten	gelb, weiß	V–VII
Hauswurz	*Sempervivum*-Arten	rot, rosa, gelb	VI–VII

**Steinbrech
(Saxifraga-Arendsii-Hybride)
und Polsterphlox
(Phlox subulata)**

**Silberwurz
(Dryas octopetala)**

**Hauswurz
(Sempervivum-Hybride)**

Der Kübelgarten

Bekommt ein umgrenzter Innenhof, wie er eingangs beschrieben wurde, genügend Sonne ab, kann man sich keinen besseren Platz für wärmeliebende, mediterrane Kübelpflanzen denken. Schönmalve *(Abutilon)*, Strauchmargerite *(Chrysanthemum frutescens)*, Zitronen- und Orangenbäumchen *(Citrus)*, Engelstrompete *(Datura)*, Roseneibisch *(Hibiscus rosa-sinensis)* und viele andere gedeihen prächtig, nicht allzu kälteempfindliche Pflanzen wie Agave, Feige, Oleander oder Rosmarin dürfen im geschützten Hof im Herbst länger ausharren als anderswo. Besondere Bedeutung kommt in diesem liebevoll gestalteten Refugium den Töpfen, Kübeln und anderen Gefäßen zu, denn bei aller Schönheit der Pflanzen, bei aller Blütenfülle soll es ja nicht wie in einer Gärtnerei aussehen. Große schwarze Plastikbehälter aus Heimwerker- und Gartenmärkten, nachträglich mit Wasserabzugslöchern versehen, sind gut geeignet für hochwachsende Kübelbewohner, leider aber alles andere als attraktiv. Man kann sie mit Palisaden-Halbrundhölzern ummanteln, die mit Hilfe von Krampen auf Drähte gezogen und um die Behälter gestellt werden. Wer tiefer in die Tasche greifen will, kann sich des Riesenangebots, das der Handel an Pflanzgefäßen bereithält, bedienen: Hier gibt es

Kübel aus Holz, Terrakotta, Ton, Steingut, Metall oder Kunststoff in allen nur denkbaren Größen und Formvarianten.

Kübelpflanzen allerorten

Natürlich benötigt man für einen kleinen oder auch größeren Kübelgarten nicht unbedingt einen Innenhof, jeder andere sonnige, geschützte Platz ist für eine derartige Exotensammlung geeignet. Nur sollten die Pflanzen nicht irgendwo lieblos und eher zufällig zusammengeschoben werden, sondern ein Extraquartier erhalten, in dem sie voll zur Geltung kommen. So eine Freilichtbühne für Blütenstars könnte zum Beispiel ein mit Platten oder Steinen als Bodenbelag ausgestattetes Areal mitten im Garten sein, falls möglich, in der Nähe des Sitzplatzes. Es macht nichts, wenn hier die unterschiedlichsten Arten und Sorten beieinander stehen, im Gegenteil, je bunter und abwechslungsreicher, desto besser.

Andere Stellmöglichkeiten für Kübelpflanzen finden sich vielleicht beidseits einer Gartentreppe oder eines Wegs, wobei man durch untergelegte Platten für Standfestigkeit sorgen muß. Möglicherweise ist auch der Eingangsbereich geräumig genug, um hier größere Gewächse und Behälter unterzubringen – ein verlockender Gedanke für das Entree, die Visitenkarte des Hauses. Übrigens braucht man, was die Plazierung von Kübelpflanzen betrifft, auch beim Teichbereich nicht allzu zurückhaltend zu sein. Sofern es sich

In kleinen Gruppen arrangiert, kommen Kübelpflanzen am besten zur Geltung. Kleines Bild: Datura mit aparten orangegelben Blüten, meist (nicht ganz korrekt) als D. sanguinea bezeichnet

nicht gerade um ein ausgeprägt natürliches Feuchtbiotop handelt, fallen zum Beispiel Fuchsien, Schönmalven oder Bleiwurz hier durchaus nicht aus dem Rahmen, von Neuseeländer Flachs *(Phormium tenax)* oder den verschiedenen Bambusarten ganz zu schweigen.

Daß Kübelpflanzen auf der Terrasse und im Wintergarten gut aufgehoben sind und dort wichtige Elemente der Gestaltung darstellen, wurde bereits im Kapitel »Mittler zwischen Haus und Garten« ausgeführt. Glückliche Besitzer von Wintergärten können diesen Exoten auch ein günstiges Winterquartier bieten – denn relativ kühle, helle Plätze, wie sie viele Kübelpflanzen während der kalten Jahreszeit benötigen, sind im Haus oft Mangelware. Neben der teils schwierigen Überwinterung muß bei dieser speziellen Pflanzenliebhaberei noch ein weiterer Punkt beachtet werden: Manche Gewächse, vor allem Oleander und Engelstrompete *(Datura)*, sind giftig und sollten erst einen Platz im Wohngarten finden, wenn die Kinder größer sind und nicht mehr ausprobieren wollen, wie attraktive Blüten schmecken.

Blütenwunder Datura

Ein Tip noch speziell für die Engelstrompete *(Datura suaveolens*, neuerdings von einigen Botanikern als *Brugmansia* eingestuft): Probieren Sie es bei dieser prachtvollen Südamerikanerin doch einmal mit – fast – freier Auspflanzung. Dazu kommt die Pflanze in einen mit Schlitzen versehenen Kunststoffkorb (Kartoffelkorb), den man ebenerdig in den Boden einsenkt. Wegen des zu erwartenden Blütenspektakels sollte ein Ort gewählt werden, an dem sich die *Datura* wirkungsvoll in Szene setzen kann, für sich allein steht und konkurrenzlos ihre Hauptrolle spielt. Denn bei wöchentlicher Düngung und ausreichenden Wassergaben entwickelt sie sich hier zu einem mächtigen Strauch, der förmlich überschüttet ist mit riesigen weißen, duftenden Trompetenblüten. Ideal wäre ein Platz mitten in der zentral gelegenen Rasenfläche – im Wohngarten wahrscheinlich nicht immer realisierbar, weil der grüne Teppich dort nicht nur zur Zierde, sondern auch zu vielfältiger Nutzung angelegt wird. Doch wer einmal erlebt hat, wozu dieses Nachtschattengewächs bei genügend Wurzelraum fähig ist, wird um eine geeignete Plazierung nicht mehr verlegen sein.

Wehmut kommt allerdings auf, wenn man die groß und buschig gewordene Pflanze im Herbst auf das fürs Winterquartier notwendige Maß zurückschneiden muß. Nach diesem unumgänglichen Schnitt wird der in der Erde befindliche Behälter ringsherum mit dem Spaten umstochen, wobei man die mittlerweile weit in den Gartenboden gewanderten Wurzelstränge durchtrennt. Danach läßt sich der Korb an den beiden Haltegriffen leicht herausheben.

Freies Auspflanzen im versenkten Korb dankt die Engelstrompete mit überragender Blütenfülle

Auch Bleiwurz (Plumbago auriculata) bekommt die – fast – freie Auspflanzung gut

Da die Verdunstung auf Grund der vielen Schlitze des Pflanzgefäßes schneller vonstatten geht, umhüllt man es im Winterquartier am besten mit Plastikfolie. Diese Methode der Auspflanzung ist auch bei vielen anderen Kübelgewächsen möglich, bei Fuchsien, Bleiwurz *(Plumbago auriculata)* oder Zimmeraralie *(Fatsia japonica)* beispielsweise.

Besondere Gartenerlebnisse

Wollte man einfach nur nett im Freien sitzen, spielen und feiern, dann würde es eine grüne Rasenfläche, umgeben von Hecken als Sichtschutz, auch tun. Daß sich Gartenbesitzer damit in der Regel nicht zufriedengeben, sondern bunte Bänder aus Blumen weben, Kletterpflanzen zum Ranken bringen, Kübelpflanzen hegen und pflegen, dem Sitzplatz mit Sträuchern eine anheimelnde Kulisse geben – dies alles zeigt, wie wichtig das pflanzliche Interieur für das Wohlbefinden im Garten ist.

Dabei geht es sicher nicht nur um die optische Ausstattung, darum, daß man es in seinem Garten »schön hat«. Zur speziellen Wohnqualität der grünen Zimmer tragen die kleinen, alltäglichen Erlebnisse, die der Umgang mit Pflanzen zu bieten hat, erheblich bei. Dies gilt mehr oder weniger für alle Gewächse und Gartenbereiche, wobei einige allerdings ganz Besonderes zu bieten haben und sich gerade für den Wohngarten sehr empfehlen.

Erlebnisse mit Düften

Pflanzendüfte, ob von Blüten oder Blättern, nehmen wir eher beiläufig wahr; zumeist sind wir sogar etwas erstaunt, wenn sie uns plötzlich erreichen. Es kommt verhältnismäßig selten vor, daß bestimmte Pflanzungen planmäßig wegen des zu erwartenden Dufterlebnisses angelegt werden, im Garten dominiert unter den Sinnesorganen eindeutig das Auge. Von den Blütengewächsen wird eigentlich nur die Rose fast automatisch mit Wohlgeruch gleichgesetzt – nicht ganz zu Recht übrigens, denn die Mehrzahl der Rosensorten ist ohne Duft.

Ausgerechnet ein Exote hat den Duft wieder ins Gedächtnis zurückgerufen, weil er in diesem Fall einfach nicht zu ignorieren ist: Die Engelstrompete oder *Datura* macht in den Abendstunden so intensiv durch ihren Wohlgeruch auf sich aufmerksam, daß man auch bei größerer Distanz unwillkürlich den Schritt verlangsamt. Aber es muß nicht nur dieser zum Star unter den Kübelgewächsen avancierte Fremdling sein, der mit seinem »lauten« Duft alles andere, Zartere überlagert und verdrängt. Wir kennen genügend weitere, weniger spektakuläre Pflanzen, die ähnliche Qualitäten vorzuweisen haben, wenn man ihnen nahe genug kommt.

Duftende Blumen und Kräuter

Wer Blütendüfte genießen will, muß sich vor allem Gedanken darüber machen, wohin er in Frage kommende Arten setzt. Man sollte nur solche Stellen in Betracht ziehen, an denen man den Blumen und Kräutern nahe ist oder wo man sie gut erreichen, erschnuppern kann. Das werden in erster Linie Sitz- und Aufenthaltsplätze sein, Bereiche unmittelbar an der Terrasse oder auch am Gartenteich, die man zum Verweilen nutzt. Hier eignen sich auch Arten, die ihre Wohlgerüche erst gegen Abend oder nachts abgeben, in »romantischen« Stunden also, in denen man für Gefühls-

Die optisch reizvolle Kombination Rosen – Lavendel kann auch zum Geruchserlebnis werden, sofern man duftende Rosensorten wählt. Kleines Bild: Reseda odorata; eher unscheinbar, aber wohlriechend

Bunt und duftend: die Wunderblume (Mirabilis jalapa)

Insektenlockender Wohlgeruch: Buddleja davidii

erlebnisse verschiedenster Art besonders empfänglich ist. Dabei wären vor allem zu nennen: Taglilie *(Hemerocallis lilioasphodelus)*, Nachtviole *(Hesperis matronalis)*, Levkoje *(Matthiola longipetala* ssp. *bicornis)*, Wunderblume *(Mirabilis jalapa)*, Ziertabak *(Nicotiana alata* 'Grandiflora'), Nachtkerze *(Oenothera*-Arten) und Reseden *(Reseda odorata)*. Nicht zu vergessen die verschiedenen Zwiebelblumen wie Hyazinthen und Narzissen, außerdem natürlich Maiglöckchen und Veilchen, die allerdings tagsüber genau so angenehm duften wie in der Dämmerung.

Gewürzkräuter wiederum, die ihren Duft vor allem über die Blätter verströmen, machen sich besonders angenehm bemerkbar, wenn ihre ätherischen Öle unter Sonneneinfluß verdunsten. Man setzt sie deshalb an den Rand eines Gartenwegs oder einer Treppe, wo eine eventuelle Berührung beim Vorbeigehen die Wirkung der Aromate noch verstärkt. Zu Duftspendern dieser Art zählen zum Beispiel Wermut, Waldmeister, Borretsch, Melisse, die verschiedenen Minzearten, Basilikum, Dost, Thymian und Salbei.

Duftende Gehölze

Neben der Rose fällt uns hier sofort das Frühlingsduftereignis Flieder ein; im Zimmer, bei für die Vase geschnittenen Blütenzweigen, wird der intensive Geruch manchmal schon lästig. Empfehlenswerte Duftgehölze, die in jeden Garten passen, sind außerdem Schmetterlingsstrauch *(Buddleja davidii)*, frühlingsblühender Seidelbast *(Daphne mezereum)*, die noch frühere Zaubernuß *(Hamamelis mollis)*, Robinie *(Robinia pseudoacacia)*, Jelängerjelieber *(Lonicera caprifolium)*, Glyzine *(Wisteria sinensis)* sowie ver-

schiedene Waldreben *(Clematis* in Arten und Sorten). Die drei letztgenannten sind als Kletterpflanzen im Wohngarten ohnehin gut aufgehoben und uns bereits im Kapitel »Der Drang nach oben« begegnet.

Ein Wort noch zum Duftempfinden: Es handelt sich dabei um eine subjektive Wahrnehmung, das heißt, was der eine als wohltuend und betörend empfindet, ist für den anderen eher unangenehm oder gar nicht aufnehmbar. Andererseits kommen sensible Nasen auch ohne besondere »Duftpflanzen« aus, für einen ausgeprägten Geruchssinn bietet jede Gartenflora ein Aromaerlebnis. Wer Pflanzen gezielt unter dem Gesichtspunkt Duft aussuchen und zusammenstellen will, sollte das tun, was sich bei jeder Pflanzenauswahl empfiehlt: einfach mal »reinschnuppern«, nämlich in verschiedene Gärtnereien und Gartencenter, um dort zu prüfen, was einem auch vom Geruch her zusagt.

Träume am Teich

Während man früher Teiche nur in großen Gärten und Gartenanlagen oder als Ententümpel in bäuerlichen Anwesen fand, hat der Wassergarten am Haus in den letzten Jahren einen wahren Boom erlebt. Das ist eigentlich nicht weiter verwunderlich, denn der Eigenbau mit Folie oder das Einsetzen eines Fertigbeckens aus glasfaserverstärktem Polyesterharz (GFK) bereiten keine große Mühe und können von jedermann selbst vorgenommen werden. Außerdem hat sich herumgesprochen, daß man sich mit einem Teich ein Stück Natur pur in den Garten holt, angesichts des Bestrebens, selbst etwas für die bedrohte Umwelt zu tun, ein sicher nicht zu unterschätzendes Motiv.

Ein Wassergarten paßt eigentlich überall hin, ist an keine Größe oder Form gebunden und läßt sich in jede Gestaltungsvariante integrieren. Das beginnt schon mit dem Miniteich im halbierten Holzfaß auf der Terrasse, dem hausnächsten Wohnbereich, wo sich vielleicht aber auch das kleinste im Handel erhältliche Fertigbecken nach Entfernen des Plattenbelags bodengleich einbauen läßt. Eine Zwergseerose, ein kleiner Rohrkolben, ein paar Wasserlinsen (»Entengrütze«) genügen als Besatz und verleihen dem Familiensitzplatz seinen besonderen Reiz.

Wasser im Garten

Mit einem Fertigbecken für den Garten läßt sich, auch wenn es klein ist, bereits eine Teichlandschaft gestalten, indem man den Randbereich mit einbezieht. Dafür genügt schon ein schmaler Pflanzstreifen ringsum oder auch nur an einer Seite, den man für Stauden, Gräser oder Bodendecker reserviert. Das dicht über den Boden kriechende Pfennigkraut *(Lysimachia nummularia)* beispielsweise überspinnt flächig alles, was ihm in den Weg kommt – bis hin zu großen Steinen – und läßt sich auch vom Flachwasser nicht abhalten. Wenn der Platz nicht zu knapp ist, kann man den Rand auch mit Natursteinplatten belegen, damit gleichzei-

Wo ließe es sich besser träumen als am Gartenteich? Eine Liege ist schnell aufgestellt; wenn man dafür einen breiten Holzsteg nutzen kann – um so besser

tig kaschieren und erst dann mit der Bepflanzung beginnen. Selbst wenn es eigentlich überhaupt nicht zum natürlichen Feuchtbiotop paßt: Wer partout auch hier nicht auf bunte Farben verzichten möchte, soll die Umgebung seines kleinen Teichs ruhig mit niedrigen Sommerblumen bepflanzen – Fleißige Lieschen, Studentenblumen, Steinkraut, Löwenmäulchen, Maßliebchen und viele andere Einjährige leuchten fröhlich zum stillen Wasser hinüber.

Je größer die Wasserfläche, desto mehr Sorgfalt sollte auf das Umfeld verwendet werden, damit der Teich einen natürlichen Rahmen erhält und dieser Gartenteil seinen ihm ganz eigenen Charme ausstrahlt. Sehr dekorativ als Hintergrund wirkt Bambus, der auch im Winter seine schmalen, grünen Blätter behält; man kann aber auch dicht belaubtes Buschwerk wählen oder sogar eine Trockenmauer für Steinritzenpflanzen und Hängepolster als Begrenzung nach hinten setzen.

Wer sich für einen Folienteich entschieden hat, ist bei der Gestaltung an keinerlei vorgegebene Beckenformen gebunden und kann alle zur Verfügung stehenden Möglichkeiten ausschöpfen. Mit diesem Material kommt man gleichzeitig auch der natürlichen Teichsituation am nächsten, weil sich geschwungene Ränder, Buchten sowie ausgedehnte Flachwasser- oder Sumpfzonen schaffen und – durch entsprechende Bodenmodellierung – mühelos unterschiedliche Tiefenbereiche einbauen lassen. Geschickt geplant und ausgeführt, wirkt ein Wassergarten dieser Art so, als wäre hier immer schon sein angestammter Platz, von einer künstlichen Anlage ist bereits ab dem zweiten Jahr kaum mehr etwas zu sehen.

Natürlich bietet sich das teichnahe Terrain geradezu dafür an, eine Sitz- und Ruhegelegenheit einzurichten, von der aus man das Geschehen im und am Wasser beobachten und sich die heute seltenen Stunden des Nichtstuns und Träumens gönnen kann. Besonders eindrucksvoll wirkt die Szenerie, wenn an lauen Sommerabenden Leuchten und Strahler geheimnisvolle Licht- und Schattenmuster hervorzaubern, die Pflanzen rings um den Teich in filigranen Strukturen neues Leben gewinnen und sich im stillen, dunklen Wasser spiegeln.

Ein gelungener Kompromiß, um Wohngartenfläche, Teichatmosphäre und Pflanzenliebhaberei unter einen Hut zu bringen: Teichpflanzen nur direkt am Wasser, im Hintergrund Kübelpflanzen, rechts vom Teich ein Steingärtchen

Zwei wichtige Voraussetzungen für ungetrübten Teichgenuß: sonnige Lage und ausreichende Bepflanzung

Teich-Tips

Der ungetrübte Genuß des Wassergartens ist freilich nur möglich, solange auch das Wasser ungetrübt bleibt, das Zusammenspiel von Tieren und Pflanzen in einem Gleichgewicht verharrt, das Störfaktoren einschließlich des gefürchteten Algenbefalls ausschließt. Beim Teichbau und bei der Pflege sind deshalb folgende Punkte zu beachten:

- Sorgen Sie für eine möglichst sonnige Lage; Seerosen, aber auch die meisten anderen blühenden Wasserpflanzen brauchen viel Licht, um sich gut entwickeln zu können.
- Je mehr Fische der Teich beherbergt, desto mehr Wasserpflanzen sollten vorhanden sein; sie sorgen dafür, daß die Ausscheidungen der Tiere aufgenommen und verbraucht werden, anstatt sich als Trübungsfaktor am Gewässerboden abzusetzen. Außerdem stellen vor allem Unterwasserpflanzen eine wirksame Nahrungskonkurrenz für Algen dar.
- Aus demselben Grund sollte man die Fütterung von Fischen auf ein Minimum beschränken und nur soviel geben, wie sofort vertilgt wird. In einem Naturteich mit ausreichender Wasserflora benötigen Fische überhaupt keine Ergänzungsfütterung; es macht aber insbesondere Kindern Spaß, den immer zutraulicher werdenden Tieren bei der Nahrungsaufnahme zuzusehen.

- Folgerichtig gehört auch kein Pflanzendünger in den Teich. Die Gewächse beziehen alles, was für ihre Ernährung erforderlich ist, direkt aus dem Wasser bzw. mit den Wurzeln aus dem Untergrund. Zusätzliche Düngestoffe könnten gar nicht aufgenommen werden und würden lediglich die Algen ernähren.
- Damit Faulgase entweichen und Sauerstoff ins Wasser gelangen kann, sollte man im Winter vor Eintritt strenger Fröste für eine offene Stelle in der späteren Eisdecke sorgen. Im Handel gibt es dafür sogenannte Eisfreihalter, aber ein Bündel dünner Zweige oder Langstroh tun es auch. Über die Wasserfläche hinausragende Binsen, Schilfe oder Rohrkolben sollten im Herbst stehenbleiben. An ihrer Stengelbasis entstehen feine Haarröhren, die für den Luft- und Gasaustausch ausreichen.
- Wachsen Laubgehölze oder Bambus am Teichrand, empfiehlt es sich, die Blätter im Herbst immer wieder mit einem Kescher aus dem Wasser zu fischen; sinken sie auf den Grund, gehen sie in Fäulnis über und fördern die Trübung. Bei sehr starkem herbstlichem Laubfall kann ein über den Teich gespanntes Netz die Blätter auffangen.
- Auf keinen Fall sollte bei auftretender Trübung das gesamte Wasser aus dem Leitungshahn ausgetauscht werden. Damit beseitigt man das Übel nicht, sondern macht eine Eigenheilung unmöglich. Das sogenannte biologische Gleichgewicht wird endgültig zerstört, und der Ärger beginnt nach kurzer Zeit in verstärktem Maße von vorne. Besser ist es, die Regeneration des Wassers zu unterstützen, indem man überlegt, ob das Verhältnis von Fischen zu Pflanzen stimmt, und gegebenenfalls regulierend eingreift. Häufig wird die Trübung durch zu geringen Pflanzenbestand verursacht.

Königin Seerose

Zu den prachtvollsten und attraktivsten Erscheinungen eines Wassergartens gehört ohne Zweifel die Seerose. Auch hier muß sich der Besatz nach der Größe des Teichs richten; denn diese Nymphengewächse entwickeln im Lauf der Zeit viel Blattmasse, die als Schattentuch über dem Wasser liegt und den Schwimmgewächsen das Licht nimmt. Bei Seerosen in Körben oder speziellen Töpfen kann die eiserne Regel, jede Düngung zu unterlassen, im Bedarfsfall einmal außer acht bleiben. Werden die Blätter immer kleiner, läßt der Flor nach, dann liegt sichtbarer Nahrungsmangel vor, den man mit Düngestäbchen behebt. Sie werden einzeln in das Substrat der Behälter gesteckt, damit möglichst wenig Salze ins Wasser abschwemmen.

Winterschutz brauchen übrigens weder Seerosen noch andere Wasserpflanzen, sofern sie nicht tropischen oder

Seerose 'Attraction', gelbe Seekanne und Tannenwedel im Miniteich

subtropischen Ursprungs sind, wie zum Beispiel die Wasserhyazinthe *(Eichhornia)*. Allerdings muß gewährleistet sein, daß der Teich tief genug ist (an der tiefsten Stelle etwa 80 cm), also nicht bis nahe dem Grund durchfriert. **N**ebenstehend eine kleine Seerosen-Parade, nach Blütenfarben geordnet, die Anhaltspunkte für die Auswahl geben kann.

Empfehlenswerte Seerosen

Sorte	Wassertiefe in cm
Weiß	
'Gladstoniana'	30–50
'Hermine'	40–100
'Marliacea Albida'	40–80
'Pöstlinberg'	40–100
'Richardsonii'	30–80
Rosa	
'Anna Epple'	40–80
'Masaniello'	40–80
'Marliacea Rosea'	40–100
'Princess Elisabeth'	40–80
'Rosennymphe'	30–60
Rot	
'Attraction'	40–70
'Escarboucle'	50–80
'Froebeli'	30–50
'James Brydon'	30–60
'Laydekeri Purpurata'	20–40
'William Falconer'	30–50
Gelb, Orange	
'Graziella'	20–40
'Marliacea Chromatella'	40–70
'Sioux'	40–60
'Sulphurea Grandiflora'	40–80
'Sunrise'	30–80

'Laydekeri Purpurata'

'Marliacea Chromatella'

Der Schwimmteich

Was liegt beim Thema Wasser im Wohngarten näher als der Gedanke an eine Badegelegenheit vor der Haustür? Wer nicht gleich einen kostspieligen, meist wie ein Fremdkörper wirkenden Swimmingpool installieren will, kann sich überlegen, das Schöne mit dem Angenehmen zu verbinden und den Teich nicht nur durch Anschauen zu genießen.

Ein Gartenteich, der natürliches Biotop und Badespaß in sich vereint, braucht allerdings etwas Platz, damit sowohl ein paar Schwimmstöße als auch die Regeneration des Wassers gewährleistet sind. So eine Anlage kommt ohne Pumpe und Filter aus, die Klärung wird von den Pflanzen im bewachsenen Bereich übernommen. Wichtig ist, daß dieser Teil etwa ebenso groß ist wie der Schwimmbereich, damit die Säuberung funktioniert.

Abgetrennt wird der Schwimm- vom Pflanzenbereich durch eine Betonmauer, die bis knapp unter die Wasseroberfläche reichen muß; so kann ein ständiger Austausch zwischen dem 1–1,50 m tiefen »Badeabteil« und der flacheren Rege-

nerationszone mit Seerosen, Binsen, Rohrkolben und vor allem Unterwasserpflanzen stattfinden. Als Dichtung verwendet man Teichfolie, die man sich in der passenden Größe zusammenschweißen läßt. Als Zugang zum Schwimmteil kann ein Holzsteg dienen, die Pflanzenzone wird auch im Randbereich als Naturteich gestaltet.

Da eine solche Anlage – auch ohne Filter und Pumpen – ihr Geld kostet und Fehler doppelt ärgerlich sind, sollte man einen erfahrenen Gartengestalter zu Rate ziehen; das Honorar macht sich unterm Strich bezahlt, denn nachträgliche Änderungen sind erst recht aufwendig. Wenn dagegen alles klappt, braucht ein Teich dieser Art nicht übermäßig viel Pflege. Zu üppiges Pflanzenwachstum ist wie bei anderen Wassergärten gelegentlich zu reduzieren, herabgefallenes Laub und sonstige Verunreinigungen sollten regelmäßig abgefischt werden, besonders im Herbst. Im Frühjahr kann es sich außerdem als notwendig erweisen, Schlamm- und Mulmteile am Beckengrund des Badebereichs mit einem im Fachhandel erhältlichen Spezialgerät abzusaugen.

Schwimmteich: Eine Betonmauer trennt »Badeabteil« und Pflanzenbereich, beide mit Folie abgedichtet (kleines Bild).
Der bepflanzte Teil sorgt nicht nur für Teichflair, sondern auch für die kontinuierliche Wasserklärung.
Naturnah gestaltete Teichränder geben dem Ganzen einen passenden Rahmen

Bezaubernde Schattenpartien

Wer über Schatten im Garten klagt, übersieht nur gar zu häufig, welch wichtige Rolle Bereiche spielen, die nicht den ganzen Tag über von der Sonne verwöhnt werden. Schließlich schafft man sich beschattete Plätze ja oft absichtlich, zum Beispiel, indem man die Terrasse mit einer von Pflanzen überwachsenen Pergola ausstattet, um bei sommerlicher Hitze die erfrischende Kühle des Blätterdachs zu genießen. Nun gibt es aber auch Partien, die ohne unser direktes Zutun halb- oder sogar ganztägig im Schatten liegen und deren Bepflanzung deshalb Probleme bereitet. Meist wird der Schatten erst nach einigen Jahren Dauergast, weil Bäume und Sträucher höher und dichter wachsen, so daß man sich an solchen Plätzen eine neue Gestaltungsvariante einfallen lassen muß. Hier bietet sich vor allem die Verwendung von Stauden an. Unter ihnen finden sich zahlreiche Arten, die Schatten tolerieren oder sogar mögen, wobei sich zusammen mit den der prallen Sonne abholden Farnen reizvolle Pflanzungen ergeben. Im Wohngarten können sich solche Schattenbeete sogar als Gestaltungsschwerpunkte erweisen, weil diese meist etwas abgelegenen Partien kaum für Freizeitspaß und Spiel zu nutzen sind, während besonnte Plätze einer Rasenfläche, einem Teich samt Sitzgelegenheit am Wasser, oder auch einer mit Rosen berankten Pergola vorbehalten bleiben.

Absonnige Gartenteile lassen sich demnach gerade im Wohngarten sehr sinnvoll nutzen, können durch ihre besondere Pflanzengesellschaft ein Gartenerlebnis ganz eigener Art darstellen. Außerdem umfaßt der Begriff Schatten ein weites Spektrum unterschiedlicher Lichtintensitäten, mit anderen Worten: Schatten ist nicht gleich Schatten. Entsprechend breit gefächert sind die Gestaltungs- und Bepflanzungsmöglichkeiten, die sich an der jeweiligen Gartensituation orientieren.

Wo eingewachsene Bäume ihre Umgebung in Schatten tauchen, können mit Hilfe von Farnen und Blütenstauden wie Waldgeißbart und Felberich Bereiche von besonderem Charme entstehen.
Kleines Bild: Schattengesellen: Farne, Funkien und Primeln

Gehölze, die nicht allzuviel Licht brauchen, um einen prächtigen Flor zu entfalten:
Rhododendren und Azaleen sind eigentlich ein Glücksfall für schattengeplagte Gartenbesitzer

Schattenqualitäten

Da Schatten unter anderem von der Tagesstunde und Jahreszeit abhängig ist, wird er in den Gärten ein ständiger, wenn auch unsteter Gast sein, mit dem sich gut leben läßt. Denn die meisten Pflanzen, auch sonnenliebende Sommerblumen, brauchen keineswegs vom frühen Morgen bis in den Abend hinein volle Sonne. Und auch mit dem durch die Blätter von Gehölzen gefilterten Licht kommen viele zurecht. Damit stellt sich die Frage nach der »Qualität« des Schattens. In einer von hohen Mauern umgebenen und fast als dunkel zu bezeichnenden Ecke wird in der Tat kaum etwas gedeihen, und auch die volles Sonnenlicht scheuenden Knollenbegonien, Fuchsien oder Fleißigen Lieschen stellen die Blütenproduktion ein, wenn sie in den tiefen Schatten eines dichten Blätterdachs verbannt werden.

Andererseits haben als Sonnenkinder bekannte Arten gegen stundenweise Beschattung nur selten etwas einzuwenden, es gefällt ihnen sogar sichtbar besser, wenn man ihnen die pralle Mittagssonne einer Südlage erspart. Ein gutes Beispiel dafür bietet die Engelstrompete *(Datura suaveolens)*, von der allgemein angenommen wird, daß sie gar nicht genug Sonne abbekommen kann. Diese Südamerikanerin bleibt insgesamt frischer und behält ihre Blüten länger, wenn man ihr einen zumindest über Mittag etwas beschatteten Platz gibt. Das trifft übrigens auch für die modernen, sonnenverträglichen Züchtungen des Fleißigen Lieschens *(Impatiens walleriana)* zu, die am schönsten sind, wenn sich der heiße Hochsommer verabschiedet und die Luft wieder mehr Feuchtigkeit zu bieten hat.

Umgekehrt müssen viele der sogenannten **Schattenstauden** keineswegs in das Gehölzdunkel verbannt werden. Sofern man sie nicht gerade den ganzen Tag über der vollen Sonne aussetzt, kann man in der Platzwahl durchaus flexibel sein. Voraussetzung ist dann freilich ein die Feuchtigkeit haltender, humoser Boden und eine gute Wasserversorgung. Die Tabelle auf Seite 104 zeigt eine reiche Auswahl an Stauden, die sich für beschattete Plätze eignen, wobei man keinesfalls die Farne vergessen sollte.

Farne eröffnen uns die Möglichkeit, auch noch solche Partien zu begrünen und interessant zu gestalten, an denen selbst schattenliebende Blütenstauden versagen. Meist handelt es sich um etwas abseits gelegene Stellen, beispielsweise unter Gehölzen an der Garagenwand des Nachbarn, die dann in Ermangelung von etwas Besserem zu Ablageplätzen für Steine, Äste und allerlei anderes Gartengerümpel verkommen. Das muß nicht sein, wenn man sich der Vielfalt der Farne bedient, von denen nebenstehend eine kleine Auswahl vorgestellt wird. Als Gesellschafter der filigranen

Die eigentümliche Form der noch eingerollten Wedel gab dem Wurmfarn (Dryopteris filix-mas) wohl seinen Namen

Beim Hirschzungenfarn (Phyllitits scolopendrium) sind die Wedel nicht gefiedert, sondern am Rand gewellt

Wedel bieten sich einige Schattengräser an: Riesensegge *(Carex pendula)*, mit Blütenstand bis zu 1,50 m hoch und deshalb eher für den Randbereich einer Gehölzunterpflanzung geeignet; Haarmarbel *(Luzula pilosa)*, Waldmarbel *(Luzula sylvatica)* oder Nickendes Perlgras *(Melica nutans)*. Wenn der Platz ausreicht, kann man das Bild noch durch einen knorrigen Ast, einen Wurzelstubben oder einige große, zerklüftete Steine auflockern.

Die kräftigsten Farben für beschattete Plätze liefern die immergrünen, meist breitrund bis flach ausgebreitet wachsenden **Japanischen Azaleen** (Rhododendren). Große, schattenverträgliche Blütenstauden lockern das Grün zusätzlich auf, sofern für die hochstrebenden Vertreter des Pflanzenreichs nach oben hin genügend Platz vorhanden ist. Gerade bei Azaleen und Rhododendren, die ab Juni/Juli nur noch ihr Blattwerk zeigen, ist eine Ergänzung durch Sommerblüher anzuraten. Japanazaleen präsentieren sich dem Betrachter in Weiß, Violett und Rosa, vor allem aber in den leuchtendsten Rottönen, die man sich denken kann, während Orange seltener und Gelb gar nicht vorkommt. Aus dem großen Sortiment seien hier einige besonders empfehlenswerte Sorten, nach Blütenfarben geordnet, aufgeführt.

- Weiß: 'Luzi', 'Palästrina', 'Schneeglanz', 'Schneewittchen'
- Orange: 'Geisha Orangerot', 'Orange Beauty', 'Signalglühen'
- Rot: 'John Cairns', 'Maruschka', 'Fridoline', 'Georg Arends', 'Muttertag', 'Gabriele'
- Hellrosa: 'Blanice', 'Blaauw's Pink', 'Diamant Lachs'
- Dunkelrosa: 'Diamant Rosa', 'Kermesina', 'Rosalind', 'Rubinetta'
- Hellviolett: 'Otava'
- Dunkelviolett: 'Blue Danube', 'Diamant Purpur'

Empfehlenswerte Farne

Deutscher Name	Botanischer Name	Wuchshöhe in cm
Frauenhaarfarn	*Adiantum pedatum*	40–50
Steinfeder	*Asplenium trichomanes*	bis 10
Frauenfarn	*Athyrium filix-femina*	70–150
Rippenfarn	*Blechnum spicant*	25–40
Wurmfarn	*Dryopteris filix-mas*	bis 140
Königsfarn	*Osmunda regalis*	150–200
Hirschzungenfarn	*Phyllitis scolopendrium*	30–60
Schildfarn	*Polystichum aculeatum*	bis 80

Blühende Schattenstauden

Deutscher Name	Botanischer Name	Wuchshöhe in cm	Blütenfarbe
Eisenhut	*Aconitum napellus*	90–150	blau, weiß
Kriechender Günsel	*Ajuga reptans*	15–20	blau
Akelei	*Aquilegia*-Hybriden	40–70	alle Farbschattierungen
Waldgeißbart	*Aruncus dioicus*	150–200	rahmgelb
Prachtspiere	*Astilbe*-Arten	20–120	rot, rosa, creme, weiß
Bergenie	*Bergenia cordifolia*	30–40	rot, rosa, weiß
Glockenblume	*Campanula*-Arten	10–100	blau, rosa, weiß
Schaumkraut	*Cardamine trifolia*	20–30	weiß
Herzblume	*Dicentra eximia*	20–30	rot
Tränendes Herz	*Dicentra spectabilis*	60–90	rosa–weiß
Roter Fingerhut	*Digitalis purpurea*	100–140	rosa, rot, gelb
Elfenblume	*Epimedium*-Arten	15–30	weiß, rosa, gelb
Waldmeister	*Galium odoratum*	15–20	weiß
Nelkenwurz	*Geum coccineum*	20–40	orangerot
Christrose	*Heleborus*-Hybriden	25–40	weiß, rosa, rot, gelb
Nachtviole	*Hesperis matronalis*	60–100	rosa, violett
Funkie	*Hosta*-Arten	5–120	blau, lila, weiß
Ligularie	*Ligularia dentata*	100–120	gelb
Gedenkemein	*Omphalodes verna*	15–25	blau
Salomonssiegel	*Polygonatum*-Hybriden	60–100	weiß
Primel	*Primula*-Arten	5–30	alle Farbschattierungen
Lungenkraut	*Pulmonaria*-Arten	15–30	blau, rot, rosa, weiß
Schaumblüte	*Tiarella cordifolia*	15–30	weiß
Kleines Immergrün	*Vinca minor*	10–20	blau
Duftveilchen	*Viola odorata*	10–15	blau, violett, rot, gelb

Herzblume
(Dicentra eximia)

Weißrandfunkie
(Hosta sieboldii)

Kleines Immergrün
(Vinca minor)

Früchte, die in den Mund wachsen

Ob im Wohngarten dem einen oder anderen kleinwüchsigen Obstbaum noch Platz eingeräumt wird, hängt von der Nutzungsart und den Neigungen der Besitzer ab. Zumindest bei einigen Beerenarten kann man jedoch das Angenehme mit dem Nützlichen verbinden und Kletterer zur Begrünung wählen, die gleichzeitig Delikatessen für Küche und Gaumen liefern. Mit ihren dicht beblätterten Trieben spenden zum Beispiel Weinreben oder Kiwis an der Pergola im Sommer Schatten, während man sich schon auf die bevorstehende Ernte freut. Wer Wert auf hohe und sichere Erträge legt, wird diese Arten freilich ein bißchen sorgsamer pflegen müssen als beispielsweise Knöterich oder Glyzine. Doch was tut's, schließlich sind auch volle Körbe etwas Schönes, so daß sich der geringe Aufwand an Mehrarbeit lohnt.

Kiwis

Diese starkwüchsigen, aus China stammenden Schlinger kann man wegen ihrer großen, herzförmigen Blätter und ansehnlichen gelben oder weißen Blüten im Mai/Juni getrost auch den Zierpflanzen zurechnen. Die bis zu 10 m langen Ranken vermögen am Gerüst ganze Hauswände zu bedecken oder eine Pergola einzuhüllen. Allerdings: Kiwis *(Actinidia chinensis)* sind wärmeliebend, gedeihen zufriedenstellend also nur in Gegenden mit nicht zu harten, langen Wintern und brauchen auch dort einen geschützten Platz, am besten in Westlage. Reine Südseiten sind weniger geeignet, weil es hier im zeitigen Fühjahr zu starken Wechseltemperaturen zwischen Tag und Nacht kommt, die besonders an jungen Exemplaren Holzschäden verursachen. Überraschende Spätfröste wiederum können die Blüte zunichte machen.

Wenn *Actinidia chinensis* vereinzelt auch in Klimaten gedeiht, die der Pflanze eigentlich unzuträglich sind, liegt das am ansonsten günstigen Standort (Boden, Kleinklima) bei gleichzeitig optimaler Pflege.

Kiwipflanzen sind mit ihrem ansprechenden Laub für die Pergolabegrünung gut geeignet. Damit es zur Bildung von Früchten kommt, braucht man – mindestens – ein weibliches und ein männliches Exemplar

Weinrebensorten wie 'Blauer Portugieser' oder 'Weißer Gutedel' liefern leckere Tafeltrauben frisch auf den Terrassentisch

Für Gegenden mit erfahrungsgemäß sehr langen und kalten Wintern bietet *Actinidia arguta* mit ihren Sorten eine Alternative zur empfindlicheren *A. chinensis*. Hier hat sich vor allem die »Bayernkiwi« hervorgetan, eine Züchtung aus Weihenstephan, die daher auch den Sortennamen »Weiki« erhielt und als absolut winterhart gilt. Die glattschaligen, wohlschmeckenden Früchte sind etwas kleiner als die bekannten Züchtungen, dafür ist die Pflanze sehr reichtragend und starkwüchsig.

Da Kiwis in den gängigen und bewährten Sorten zweihäusig sind, männliche und weibliche Blüten also auf verschiedenen Pflanzen wachsen, benötigt man zur Fruchtbildung stets ein Pärchen, wobei ein männliches Exemplar bis zu acht weibliche bestäuben kann. Die Erde sollte zum sauren Bereich hin tendieren, wo Zweifel bestehen, empfiehlt sich im Frühjahr vor der Pflanzung von Containerware eine Bodenanalyse. Den erforderlichen niedrigen pH-Wert um 6 erreicht man, indem der Aushub des Pflanzlochs mit reichlich Torf oder Rindensubstrat vermischt und später möglichst nur mit Regen- oder gut abgestandenem Wasser gegossen wird. Um saftige, große Beeren zu erzielen, kann man im Sommer jeden Trieb nach dem fünften Blatt oberhalb der letzten Frucht kappen, im Winter sind nur zu dicht stehende oder störende Ranken zu entfernen.

Weintrauben

Die Weinrebe ist ebenfalls eine Pflanze des Südens mit entsprechenden Ansprüchen an das Klima. Anders als die Kiwi fühlt sich Wein auch an einer Südwand wohl, wo die Strahlungswärme des Mauerwerks den Trauben zugute kommt. An geschützten, sonnigen Plätzchen lassen sich mit diesem Ranker Lauben oder ganze Laubengänge mit einem Blätterdach bekleiden oder Pergolen in grüne Zimmer verwandeln. Wenn man die Pflanzen von Anfang an richtig plaziert, wachsen sie, ohne daß es besonderer Pflegemaßnahmen bedarf, zügig weiter und bereiten kaum Probleme.

Das Pflanzloch für die Jungrebe – in Weinbaugebieten dürfen nur reblausfreie Pfropfreben gesetzt werden – sollte etwa 50 cm tief und 1 m² hoch sein, der Aushub wird zweckmäßigerweise mit reichlich Kompost, Hornspänen oder einem anderen organischen Dünger vermischt und nach dem Setzen wieder in die Grube eingefüllt. Als Rankhilfen benötigen Reben gespannte Drähte oder ein Spalier, an dem sie sich in der Folgezeit flächig ausbreiten können. Was das Schneiden betrifft, sollte man vor allem beachten, daß der Weinstock an einjährigen Trieben fruchtet, die aus zweijährigem Holz hervorwachsen. Der Schnitt hat also stets dem Zweck zu dienen, die Pflanze zur Bildung junger Triebe aus älteren Zweigen zu veranlassen.

Moderne Brombeersorten kommen ohne Stacheln aus

Ein Stachelbeerstämmchen läßt sich fast überall unterbringen

Brombeeren

Die Brombeere, ein Halbstrauch, dessen lange Ruten an Drähten oder einem Gerüst aufgebunden werden müssen, ist trotz ihrer leckeren Früchte in den Gärten nicht allzuoft anzutreffen. Sie lohnt jedoch die Pflanzung, zum Beispiel in naturnahen Anlagen oder auch dort, wo ein Zaun, eine unansehnliche Mauer begrünt werden sollen. Heute werden meist die modernen, stachellosen Sorten wie 'Jumbo', 'Chester' oder 'Black Satin' bevorzugt, die stark wachsen und gut tragen. Sie lassen sich im Wohngarten besser in die Gestaltung mit einbeziehen als die scharf bewehrte, altbekannte Sandbrombeere 'Theodor Reimers', deren Ranken bis zu 10 m lang werden und ein undurchdringliches Gewirr mit mühsam zu erntenden Früchten bilden. Außerdem ist diese Sorte recht frostempfindlich, so daß man die Triebe im Herbst auf den Boden legen und mit Laub oder einem anderen kälteabweisenden Material bedecken muß. Brombeeren stellen keine besonderen Bodenansprüche, bevorzugen aber eine windgeschützte, möglichst vollsonnige Lage, in der Fröste weniger hart zupacken.

Beeren von Hochstämmchen

Wo es an Pflanzmöglichkeiten für die doch ziemlich raumgreifenden Beerensträucher mangelt, kann man auf Hochstämmchen von Johannis- und Stachelbeeren ausweichen, die zwar für sich allein keine Rekordernten liefern, aber als »Naschobst« nicht zu verachten sind. Diese kleinen, in Baumschulen erhältlichen Strauchformen stören selbst im stark frequentierten Wohngarten kaum und können zum Beispiel entlang eines Wegs, am Zaun, ja sogar im Randbereich des Teichs ihren Platz finden. Sie eignen sich übrigens, in Reih und Glied gepflanzt, auch als Raumteiler, wobei der Ertrag dann, durch die Anzahl der Sträucher bedingt, kaum mehr zu wünschen übrig läßt.

Bei einer solchen Reihenpflanzung genügt ein Abstand von etwa 1 m. Wenn verschiedene Sorten zusammenstehen, ist eine bessere Befruchtung und damit eine reichere Ernte zu erwarten. Hochstämmchen müssen in jedem Fall an kräftigen Pfählen angebunden werden; die Krone ist jährlich, am besten gleich nach der Ernte, auszulichten, damit Luft und Sonne ins Innere gelangen.

Ein Platz für Kinder

Der Garten: eine tolle Sache für Kinder – wenn sie wirklich fast überall herumtollen dürfen, vielleicht sogar Spielgelegenheiten erhalten, auf einem eigenen kleinen Beet selber gärtnern können (aber nicht müssen), von den Eltern auf Spannendes und Interessantes in der Tier- und Pflanzenwelt vor der Haustür hingewiesen werden.

Der Garten: eine feine Sache für Eltern – wenn besondere Pflanzenkostbarkeiten so sicher plaziert sind, daß sie nicht gleich dem ersten Fußball zum Opfer fallen, und vor allem, wenn mögliche Gefahrenquellen für Kinder durch entsprechende Gartenanlage von vornherein ausgeschlossen werden. Beherzigt man hierbei ein paar einfache Dinge, dann drohen im Garten nicht mehr oder weniger Risiken als in der Wohnung – hier wie dort läßt sich Schlimmes am besten vermeiden, indem man gerade die Kleinsten nicht ganz aus den Augen verliert. Unter diesen Voraussetzungen kann der Wohngarten tatsächlich ein kleines Kinderparadies darstellen.

Kindgerechte Gartenanlage

Die Fürsorge beginnt nicht mit dem Bereitstellen von Spielplätzen und -gelegenheiten, sondern schon bei der Pflanzenauswahl und damit bei der ureigensten Domäne der Eltern. Da die Meinungen über die tatsächliche **Giftigkeit bestimmter Pflanzen** auch heute noch auseinandergehen, manches noch nicht endgültig erforscht ist, kann auch die nachfolgende Aufstellung nicht vollständig sein, bleibt die Frage, inwieweit die eine oder andere Art für Kinder gefährlich ist, offen. Kritisch wird es jedenfalls bei früchtetragenden Gewächsen, die für Kinder immer besonders verlockend sind. Die nebenstehende Zusammenstellung giftiger Gewächse folgt den Angaben von W. Duff und K. von der Dunk in »Giftpflanzen in Natur und Garten« (Parey 1988).

Leider dürfen im Zusammenhang mit Kindern im Garten, vor allem aber mit dem Teich, auch die Risiken nicht verschwiegen werden, die mit einem unbeaufsichtigten Herumtollen nun einmal verbunden sind. Daß es beim Überklettern von Zäunen schon einmal Schrammen geben kann und verstauchte Knöchel mit nach Hause gebracht werden, gehört zu den »Lebenserfahrungen« der meisten Eltern ebenso wie das Trösten nach schmerzhaften Stichen oder kleinen Rissen, wenn zuwenig Abstand zum Rosenbeet oder zur Kakteensammlung gewahrt wurde. Eine wirkliche Gefahr für Kleinkinder stellt indes der **Gartenteich** dar, der bei Besatz mit Fischen und anderen Tieren außerdem noch eine magische Anziehungskraft gerade auf den Nachwuchs ausübt. Dieses Risiko kann man jedoch auf verschiedene Art und Weise aussschalten.

Ein kindersicherer Zaun ist sicher das beste Mittel, um Unfälle zu vermeiden. Wenn es einen jedoch partout stört, daß eine solche Befestigung das hübsche Bild beeinträchtigt und die Partie rings um den Teich ihres natürlichen Charakters beraubt, nur die Möglichkeit, nur die Wasserfläche an sich dem Zugang zu entziehen. Dazu können Schutzgitter aus kunststoffummanteltem oder verzinktem Baustahlgitter dienen, die, für das Auge unsichtbar, etwa 10 cm unter der Wasseroberfläche installiert werden. Die Drahtmatte läßt sich dort auf kleinen Steinfundamenten befestigen oder beim Fertigbecken der obersten, eingearbeiteten Pflanzstufe auflegen. Bei einer Maschenweite von 5–10 cm behindert das weder Tiere noch Seerosen und andere Pflanzen, die problemlos hindurchwachsen. Andererseits droht so kaum ernste Gefahr für Kleinkinder.

Wo kleine Kinder Entdeckungstouren unternehmen, sollte man auf giftige Pflanzen verzichten

Der Fachhandel hält ein breites Sortiment sicherheitsgeprüfter Spielgeräte bereit

Insbesondere junge Familien wünschen sich einen Garten für Kinder, aber keinen Kindergarten. Es bedarf keiner besonderen Kunstfertigkeit, das grüne Wohnzimmer in ein regelrechtes Kinderzimmer umzuwandeln, nur bliebe dann für Erholung, Entspannung, beschauliche Mußestunden der Erwachsenen, für die Freude an Pflanzen nicht mehr viel übrig. Es geht also darum, die **Kinderbereiche** so zu plazieren, daß sie das Gesamtgartenbild möglichst wenig stören, trotzdem aber vom Haus aus für alle Fälle einsehbar sind.

*Eibe
(Taxus baccata)*

*Oleander
(Nerium oleander)*

*Stechpalme
(Ilex aquifolium)*

Winterling (Eranthis hyemalis)

Giftige Pflanzen

Deutscher Name	Botanischer Name	Gefährlich/verlockend *
Adonisröschen	*Adonis vernalis*	Blüte
Aronstab	*Arum maculatum*	Beeren
Bohnen	*Phaseolus*-Arten	unreife Hülsen, Samen
Efeu	*Hedera helix*	Beeren
Eibe	*Taxus baccata*	Früchte
Eisenhut	*Aconitum*-Arten	Früchte
Engelstrompete	*Datura*-(*Brugmansia*)-Arten	Blüten, Früchte
Fingerhut	*Digitalis*-Arten	Blüten
Geißblatt	*Lonicera*-Arten	Beeren
Ginster	*Genista*- und *Cytisus*-Arten	Hülsen, Samen
Goldlack	*Cheiranthus cheiri*	Blüten, Schoten
Goldregen	*Laburnum*-Arten	Hülsen, Samen
Herbstzeitlose	*Colchicum autumnale*	Samen
Kaiserkrone	*Fritillaria imperialis*	Blüten
Kirschlorbeer	*Prunus laurocerasus*	Früchte
Lebensbaum	*Thuja*-Arten	junge Triebe
Liguster	*Ligustrum vulgare*	Beeren
Lupine	*Lupinus*-Arten	Hülsen, Samen
Maiglöckchen	*Convallaria majalis*	Beeren
Oleander	*Nerium oleander*	Blüten
Pfaffenhütchen	*Euonymus*-Arten	Früchte
Rhododendron	*Rhododendron*-Arten	Blüten, Blätter
Robinie	*Robinia pseudoacacia*	Hülsen, Samen
Schneeball	*Viburnum*-Arten	Beeren
Schneebeere	*Symphoricarpos*-Arten	Beeren
Seidelbast	*Daphne*-Arten	Beeren
Stechpalme	*Ilex*-Arten	Beeren
Wacholder	*Juniperus*-Arten	Früchte
Winterling	*Eranthis hyemalis*	Blüten
Wolfsmilcharten	*Euphorbia*-Arten	Blätter, Milchsaft

* Die Nennung besonders gefährlicher bzw. für Kinder verlockender Pflanzenteile in der rechten Rubrik schließt nicht aus, daß die jeweilige Pflanze auch in anderen Teilen giftig ist.

Einfache Spielgelegenheiten

Eine Möglichkeit bietet der schon beschriebene, als Spielfläche angelegte breite Weg (siehe Seite 81). Ein aufblasbares Plastik- oder Gummiplanschbecken dagegen nimmt nicht viel Platz weg und läßt sich eigentlich überall hinstellen, zumal es auch schnell wieder weggeräumt ist. Der Sandkasten muß nicht unbedingt störend wirken, vor allem dann nicht, wenn man ihn statt aus Brettern aus senkrecht in den Boden eingesenkten Rundholzpalisaden in abgestufter Höhe baut; das wirkt natürlich und macht sich vor allem in einem naturnahen Garten gar nicht mal so schlecht.

Ähnlich verhält es sich mit einem Kletterseil oder einer einfachen Schaukel, die vielleicht mit einem alten Autoreifen anstelle des Sitzbretts ausgestattet ist – vorausgesetzt, es gibt irgendwo einen stabilen Ast zum Befestigen. Und ein Zelt für besondere Gelegenheiten – herrlich, im Sommer darin zu übernachten, auch wenn vor Aufregung der Schlaf ausbleibt! – findet auf dem grünen Teppich oder in einer verschwiegenen Ecke Platz, wo es ebensowenig für alle Ewigkeit stehenbleiben muß wie die mobile Rutsche.

Der strapazierfähige Rasen des Wohngartens nimmt es nicht weiter übel, wenn er in Maßen für Ballspiele, Tischtennis oder Federball herhalten muß, selbst schmale Gartenwege können als Bahn für Kegeln, Boccia oder Boule dienen. All dies ist machbar, ohne daß man den Garten ummodelt oder extra darauf hin gestaltet. Das gilt auch für das kleine Refugium, das den Kindern als Rückzugsort zum Basteln, Lesen und all solchen Betätigungen dient, die nicht in die Kategorie Bewegungsspiele fallen. Ein kleiner Platz im windgeschützten Heckeneck, vor einer Mauer, hinter einem dichten Strauch

Spielkomfort und Gestaltung

Planungsschwierigkeiten, vor allem im räumlich beengten Garten, ergeben sich dann schon eher mit dem Kinderhaus, einem stabilen Klettergerüst, einem Kletterbaum samt Zubehör oder mit großen Röhren zum Hindurchkriechen. Will man seinen Sprößlingen einen derartigen Spielkomfort bieten, muß irgendwo ein größeres Areal frei gemacht oder von Anfang an dafür reserviert werden – möglichst mit dicker Sandunterlage zur Milderung eventueller Stürze. Wie beim geräumigen Spielweg sollte man auch hier daran denken, daß die Einrichtungen eines Tages nicht mehr benötigt werden und daß man den ehemaligen Kinderspielplatz erneut in die Gesamtgestaltung einbeziehen muß. **D**as trifft übrigens in abgewandelter Form auch auf das von allen Heranwachsenden heißgeliebte Baumhaus zu. Seine Nutzung ist immer etwas problematisch, weil schon so

bildet die gemütliche Nische für Beschäftigungen aller Art. Solche den direkten Blicken der Erwachsenen etwas entzogenen Reservate sollten den Kindern eigentlich immer geboten werden, denn was gibt es Reizvolleres, als verschwiegene Winkel im Garten, wo sich harmlose Geheimnisse vor den Eltern verbergen lassen!

manches kräftige Gehölz nach drei, vier Jahren derart strapaziert und unansehnlich geworden war, daß nur noch eine Rodung übrigblieb. Entweder wird also ein Baum ausgesucht, auf den man später notfalls verzichten kann, oder man darf den Bezug immer nur kurzfristig und mit größeren Pausen dazwischen zulassen – was ja auch nicht Sinn der Sache ist. Andererseits gibt es genug Beispiele dafür, daß Bäume Kinderhäuser geduldig und ohne den geringsten Schaden zu nehmen ge- und ertragen haben. Ganz wichtig in diesem Zusammenhang: Es dürfen nur solche Arten gewählt werden, deren Holz elastisch und tragfähig ist, wie Birne, Apfel oder auch Birke. Bäume mit bekanntermaßen sprödem, bruchanfälligem Holz wie die Süßkirsche scheiden aus.

Baumschonende Anbringung eines großen Baumhauses

Zierkürbis; einjähriger Ranker mit bunten Früchten

Namensgebend: Fruchtfleisch des Spaghettikürbis

Das erste Beet

Von allen notwendigen oder wünschenswerten Spielgelegenheiten abgesehen, sollten Eltern den Vorteil des eigenen Gartens dazu nutzen, die Kinder schon frühzeitig mit Pflanzen, ihrer Lebensweise und Pflege bekannt zu machen, das Interesse für Flora und Fauna am lebenden Beispiel zu wecken und bestimmte Verantwortlichkeiten zu delegieren. Dafür genügt eine bescheidene Ecke auf dem Gemüse- oder Kräuterbeet, ein Minireservat am Rand der Staudenrabatte oder bei den Sommerblumen. Selber aussäen und die Entwicklung beobachten ist viel spannender als langatmigen Erklärungen ohne praktischen Hintergrund zu lauschen. Bunte Ein- oder Zweijahrsblumen wie Wicken, Jungfer im Grünen, Zinnien, Löwenmäulchen, Vergißmeinnicht, Goldmohn kommen schnell voran und werden zu Blumensträußen gebunden, mit denen man die Eltern überrascht. Strohblumen, Staticen und Judassilberling eignen sich zum Basteln und für Trockengebinde, bei deren Zusammenstellung die Kinder ihrer Phantasie freien Lauf lassen können. Nicht zu vergessen ist hier die einjährige Sonnenblume, die im Lauf des Sommers vom winzigen Keimling zum 2–3 m hohen Riesen emporwächst und ihr gelbes Blütenrad nach dem Stand der Sonne ausrichtet. Im Winter geben die gesammelten Körner dann selbstproduziertes Vogelfutter her.

Kalebassen und Kürbisse

Besonderen Spaß machen Kalebassen, die, ebenfalls einjährig, an Zäunen und anderen Klettergelegenheiten hochranken, während des Sommers bizarr geformte Früchte ausbilden und im Spätherbst zum Trocknen in den Heizungskeller oder an einen anderen warmen Ort kommen. Ist die grüne Schale braun und verholzt, läßt sie sich farblos lackieren, bunt bemalen oder bekleben. Ein paar Ausfälle durch Fäulnis sind leicht zu verschmerzen. Die Endprodukte ergeben Dekorationsstücke fürs Kinderzimmer oder oder vielleicht stolz präsentierte Geschenke.

Zierkürbisse, gleichfalls einjährige Ranker, kann man zwar nicht trocknen und bearbeiten, dafür sehen sie aber mit ihren weithin leuchtenden gelben, roten grünen Früchten, mit Streifen oder aufgesetzten Turbanen, außerordentlich attraktiv aus, halten freilich im besten Fall gerade bis zur nächsten Ernte – auch sie ein selbst aus Samen gezogener Kinderspaß.

Interessante Gemüse

Ist wirklich kein Stückchen Land im Garten entbehrlich, nehmen fast alle Gewächse auch mit einem Quartier im Kübel vorlieb, selbst Gemüse. Neben schnell wachsenden Radieschen, Mairüben und verschiedenen grünen, gelben oder roten Salaten sind in erster Linie Tomaten als »Kinderpflanzen« zu empfehlen, und zwar die kleinfrüchtigen, in großen Trauben erscheinenden Kirsch- oder Cocktailsorten, deren Beeren sich unzerteilt in den Mund stecken lassen.

Spannend ist es auch, die verschiedenen Zucchiniformen heranwachsen zu sehen. Grün, gelb oder gestreift, langgezogen, birnenförmig, eirund oder flach wie Untertassen präsentieren sich die Früchte, die von größeren Kindern nach Anleitung selbst in der Küche zubereitet werden können. Gerade für dieses seit einiger Zeit sehr beliebte Gemüse gibt es viele einfache Rezepte. Besonders interessant ist der Spaghettikürbis aus Japan, der mit seinen langen Ranken allerdings einigen Platz benötigt. Gekocht präsentiert sich das Fruchtfleisch mit spaghettiähnlichen Fasern; serviert man sie wie die bekannte italienische Spezialität mit Tomatensoße, kommt zum Gartenerlebnis ein ganz besonderes Eßerlebnis.

Der Garten als Lehrmeister

Neben Spielgelegenheiten sowie selbst ausgesäten Blumen und Gemüsen bietet der Wohngarten mit Gebüsch, Teich, vielleicht auch mit einem Stück Wiese, mit liegengebliebenem Laub, Nistkästen für Vögel und dichtem Bodenbewuchs Kindern die Chance, vielfältiges Tierleben aus nächster Nähe zu beobachten. Das geht zunächst nicht ohne die Hilfe der Eltern, ohne Hinweise darauf, wo es etwas zu sehen geben könnte. Bald kommt es jedoch zum ersten Erfolgserlebnis: das Entdecken des Ameisennestes unter einem Stein, des Laufkäfers, der über herabgefallene Blätter huscht, der ab Dämmerungsbeginn auf Wanderschaft gehenden Erdkröte, der Frösche am Teich und der am Nest fütternden Amsel – so wird das Auge geschärft, und eigene gezielte Expeditionen ins Tierreich des Gartens sind angesagt. Das Grün am Haus als Lehrmeister, der die Liebe zur Natur weckt, sollte man als ein zusätzliches Geschenk zu den vielen Annehmlichkeiten betrachten, die der Wohngarten zu bieten hat.

Spielerisch lernen: Was gibt es im Garten nicht alles zu entdecken! Besonders spannend ist, was kreucht und fleucht, zum Beispiel der Wasserfrosch

Register

Halbfette Seitenzahlen verweisen bei mehreren Angaben auf eine ausführliche Erläuterung.
Kursive Seitenzahlen verweisen auf Abbildungen.

Abelia x grandiflora 46
Abelie 46
Abutilon 90
Acer
– campestre 14, 15
– ginnala 48
– japonicum 47, 48
– negundo 47, *47*
– palmatum 47, *47*, 48
Aconitum 111
– napellus 69, 104
Actinidia
– arguta 106
– chinensis 105–106
Adiantum pedatum 103
Adonisröschen 69, 111
Adonis vernalis 69, 111
Agave 90
Ageratum houstonianum 61
Ajuga reptans 81, 104
Akelei 67, 69, 86, 104
Alchemilla mollis 67, 69
Alyssum saxatile 67, *67*, 87, 89
Amelanchier 48
– lamarckii 15
Ampelpflanzen 25, *33*
– Gestell für 18
Amurahorn 48
Androsace sarmentosa 89
Anemone
– hupehensis var. japonica 43, *43*
– nemorosa 69
Antennaria dioica 89
Anthirrinum majus 61
Aquilegia 67
– Hybriden 104
– vulgaris 69
Arabis 89
Aralia elata 47
Aralie 47
Aristolochia macrophylla **53**, 57
Aronstab 111

Arrangieren von Kübelpflanzen 25
Arum maculatum 111
Aruncus dioicus *68, 69*, 104
Asplenium trichomanes 103
Aster 67
– amellus 43, 69
– dumosus 43
Astilbe 104
Athyrium filix-femina 103
Atriumhof 32
Aubrieta-Hybriden 89
ausdauernde Kletterpflanzen 51–57
Azalee *102*

Badeteich 100, *100*
Bambus *31*, 91, 97
Bartblume 46
Bartfaden 61, 89
Bauerngarten 86–87, *86*
Bauerngartenblumen 86
Bäume **46–49**, 101, 114
– vergreiste 54
Baumhaus 112–113, *114*
Baumwürger 57
Beerenhochstämmchen 107, *107*
befestigter Sitzplatz 75, *75*
Begonia-Semperflorens-Hybriden 61
Begonie 61
Bellis perennis 60
Berberis 48
– thunbergii 47
Berberitze 47, 48
Bergaster 43, 69
Bergenia cordifolia 104
Bergenie 104
Berglorbeer 46
Bergwaldrebe *57*
Berufkraut 89
Betula 48
Birke 45, 48
Bitterwurz 89
Blattschmuckgehölze 47
Blaue Heckenkirsche 48
Blaukissen 89
Blechnum spicant 69, 103
Bleiwurz 91, *91*
Blumenwiese 40–43, *41, 42*
Blütenhecke 15
Blütensträucher 46

Blutjohannisbeere *15*, 46
Bodenbelag 75
Bodendecker 54, 66, 96
Bogengang 54
Bohnen 111
Brombeeren 17, 107, *107*
Brugmansia 91, 111
Buche 47
Buchsbaum 14, *14*
Buddleja davidii 15, **46**, 95, *95*
Buschwindröschen 64, 69
Buxus sempervirens 14, 86

Callistephus chinensis 61
Campanula 43, 69, 89, 104
– poscharskyana 67
Campsis 52
– radicans 53, 57, *57*
Cardamine trifolia 104
Carpinus betulus 14, *14*
Caryopteris 46
Celastrus orbiculatus 57
Celosia argentea var. plumosa 61
Centaurea montana 43
Centranthus ruber 43
Chamaecyparis *13*
– lawsoniana 14
Cheiranthus cheiri 60, 111
China-Wacholder 15
Chinesischer Flieder 15
Chionanthus virginicus 48
Christrose 104
Chrysanthemum 43
– frutescens 90
Cimicifuga 69
Citrus 90
Clematis 57, 95
– Hybriden *18*, 51, *54*
– montana 56, *57*
Cobaea scandens 62, *63*
Colchicum autumnale 111
Convallaria majalis 111
Cornus
– alba 47, 48
– florida 48
– kousa 48
– sanguinea 15, *48*
Corydalis 69
Corylopsis 46
Corylus avellana 15
Cosmos bipinnatus 61

Cotoneaster 48
– salicifolius 15
Crataegus 48
– laevigata 15
Cucurbita pepo var. ovifera 62
x Cupressocyparis leylandii 14
Cytisus 111

Daphne 48, 111
– mezereum 95
Datura 90, *90*, **91**, 94, 111
– suaveolens 91, 102
Delphinium-Hybriden 43
Dicentra
– eximia 104, *104*
– spectabilis 43, *43*, 104
Digitalis 111
– purpurea 67, 104
Doronicum orientale 43
Dost 69, *69*
Draba 89
Drehkiefer 15
Dryas octopetala 89, *89*
Dryopteris filix-mas 103, *103*
Duftpflanzen 94–95
Duftsteinrich *62*
Duftveilchen 67, 69, 104
Duftwicke 62

Eberesche 15, 48, *48*
Echinops ritro 67, *67*
Echte Feige *28*
Efeu 53, 54, 56, 57, 111
Eibe 14, 49, 111, *111*
Eiche 47
Einfassungsbuchs 14, 86
Einfriedung 12–15
Einjahresblumen 114
Einjährige 60
einjährige Kletterpflanzen 18, **62–63**, 73
Einjahrsblumen 60, 62
Eisenhut 69, 86, 104, 111
elektrische Installation 79
Elfenblume 104
Engelstrompete 90, **91**, *91*, 94, 102, 111
Epimedium 104
Eranthis hyemalis 111, *111*
Erigeron 89
– Hybriden 43

Eschenahorn 47, *47*
Essigbaum 48
Euonymus 48, 111
– europaeus 15
– fortunei 57
– fortunei var. radicans 53
Euphorbia 111

Fächerahorn 47, *47*, 48
Fagus sylvatica 14
Fallopia aubertii **52–53**, *52*, 57
Farne 69, 101, *101*, 102, **103**
Fatsia japonica 91
Federbusch-Celosie 61
Federbuschstrauch 46
Feige 90
Feinstrahl *42*, 43
Feldahorn 14, 15
Felsenbirne 15, 48
Fetthenne 89
Feuerdorn 48
Feuersalbei *60*, 61, *61*
Filipendula ulmaria 69
Fingerhut 67, 86, 111
Fingerkraut 15, 89
Fische 98
Fleißiges Lieschen *60*, 61, *62*, 102
Flieder *15*
Flockenblume 43
Folienteich 96, 97
Formhecken 13–14
Forsythia x intermedia 15
Forsythie 15
Fothergilla 46
Frauenfarn 103
Frauenhaarfarn 103
Frauenmantel 67, 69, 86
freie Auspflanzung
   von Kübelpflanzen 91
freiwachsende Hecken
   15, *15*
Fritillaria imperialis 111
Fruchtschmuck, Gehölze
   mit 48
Fuchsie 91, 102
Fugenbepflanzung 27, **80–81**
Funkie 69, *101*, 104

Gaillardia-Hybriden 43
Galium odoratum 104
Gänseblümchen 60
Gänsekresse 89
Garage 55

Gartenanlage, kindgerechte
   110–115
Gartenaufteilung 16–19
Gartendekoration 82–83
Garteneinfriedung 12–15
Gartengliederung 16–19, *17*
Gartenhaus 72, 73, *73*
Gartenkamin 76, *76*
Gartenmöbel 75
Gartensitzplatz 76–77
Gartenstrahler 78–79
Gartenteich 96–100, 110
Gartenwege 80–81
Gartenzwerg 83
Gazania-Hybriden 61, *61*
Gazanie 61
Gebrauchsrasen 39
Gedenkemein 86, 104
Gehölze **46–49**, 95
– mit Fruchtschmuck 48
– mit schöner Herbstfärbung
   47–48
Geißblatt *12*, 52, *53*, 56, 57, 111
gemauerte Pflanzwanne
   31, 32
Gemeiner Liguster 15
gemischte Hecken 15
Gemswurz 43
Genista 111
Geranium 66, 89
– x hybridum 66
– macrorrhizum 66
– platypetalum 66
– sanguineum 66, 67
– sylvaticum 66, *66*
Gestaltungskriterien 9, 112–113
Gestell für Ampelpflanzen
   18
Geum occineum 104
Giftpflanzen 15, 48, 91, 110, **111**
Ginster 111
Glockenblume 43, 69, 89, 104
Glockenrebe 62, *63*
Glyzine 52, *52*, 56, 57, 95
Goldgeißblatt *57*
Goldlack 60, 111
Goldregen 15, 111
Goldrute 43
Golfgreen 39
Gräser 103
Grillplatz 77, *77*
grünes Wohnzimmer 23

Günsel 81
Gypsophila 89

Hainbuche 14, *14*
Halbstauden 60
Hamamelis 48
– mollis 95
Hängematte 74–75
Hartriegel 47, 48
Hasel 15
Hausbegrünung 56
Hauswurz **89**, *89*
Hecken **13–15**, 17, 27
– freiwachsende 15, *15*
– gemischte 15
– immergrüne 14, 15
– laubabwerfende 14
Hedera helix 53, 54, 57, 111
Helborus-Hybriden 104
Helenium-Hybriden 43, *43*
Helichrysum milfordiae 89
Hemerocallis lilioaspho-
   delus 95
Hepatica nobilis 69, 89
Herbstanemone 43, *43*
Herbstaster 67
Herbstzeitlose 111
Herzblume 104, *104*
Hesperis matronalis 95, 104
Hibiscus rosa-sinensis 90
Hirschkolbensumach 48
Hirschzungenfarn 69, 103, *103*
Hochbeete 25–27, 29
Hochteich *34*, 35
Holodiscus discolor 15
Holunder 48
Holzdeck *26*, 27, 31
Holzflechtzäune *12*, 13, 53–54
Hosta 69, 104
– sieboldii *104*
Hungerblümchen 89
Hyazinthe 64, 95
Hydrangea anomala ssp.
   petiolaris 53, 55, 57, *57*
Hypericum hookerianum 15

Iberis
– saxatilis 89
– umbellata 61
Ilex 48, 111
– aquifolium 47, *111*
– crenata 15
Immergrün 69
immergrüne Hecken 14, 15

Impatiens walleriana 102
– Hybriden 61, 66
Indianernessel *42*, 43
Innenhof **32–35**, *33*, *34*, 90
Installation, elektrische 79
Ipomoea tricolor 62

Japanische Azalee 103
Japanische Zierkirsche 15
Jasminum nudiflorum 57
Jelängerjelieber 95
Johannisbeeren 107
Johanniskraut 15
Juniperus 111
– chinensis 15

Kaiserkrone 111
Kakteen 35
Kalebassen 114
Kalmia latifolia 46
Kapuzinerkresse, kletternde
   62, *63*
Kaskadenstrauch 15
Katzenpfötchen 89
Kerria japonica 46
Kinder 8, 48, 81, 98, **110–115**
Kinderbeet 114–115
Kindersicherung beim Teich
   110
kindgerechte Gartenanlage
   110–115
Kirschlorbeer 111
Kirschpflaume 47
Kissenaster 43
Kiwi 17, **105–106**, *105*
Kleines Immergrün 104, *104*
Kletterhilfe 53, 56, 57
Kletterhortensie 53, 55, 57, *57*
kletternde Kapuzinerkresse
   62, *63*
Kletterpflanzen 17, 32, **51–57**, 72, 95
– ausdauernde 51–57
– einjährige 18, **62–63**, 73
– in Kübeln 55
– mehrjährige 51–57
Kletterrose 52, 53, **54–55**, 56, 57
Kletterspindel 53
Knollenbegonie 102
Knollenblumen 64–65
Kokardenblume *42*, 43
Kompost 20
Koniferen 15, **49**
Königsfarn 69, *69*, 103

Königskerze 67, 69
Kräuter 95
Kräuterhügel 86, *87*
Kriechender Günsel 104
Krokus 64, *64*
Kübelgarten 90–91
Kübelpflanzen 23, 30, 73, 76, 77, **90–91**
– Arrangieren von 25
– freie Auspflanzung von 91
Kübelteich 28–29
Küchenkräuter 86, 95
Küchenschelle 69, *69*
Kugeldistel 67, *67*

Laburnum 111
– x watereri 15
Lampen 78–79
Lathyrus odoratus 62
laubabwerfende Hecken 14
Laube 72–73
Laubgehölze 27, **46–48**
Lebensbaum *13*, 14, 15, 111
Leberbalsam 61
Leberblümchen 69, 89
Leinkraut 67
Lerchensporn 69
Leuchten 35, **78–79**, 97
Leucojum vernum 43
Levkoje 61, 95
Lewisia-Hybriden 89
Leylandzypresse 14
Lichteffekte **78–79**, 97
Licht im Garten 78–79
Ligularia dentata 104
Ligularie 104
Liguster 14, 48, 111
Ligustrum 48
– vulgare 14, 15, 111
Lilium martagon 69
Linaria purpurea 67
Linum grandiflorum 61
Lobelia erinus 61
Lobelie 61
Lonicera 52, 57, 111
– x brownii *53*
– caerulea 48
– caprifolium 95
– henryi 56
– x tellmanniana *57*
Lorbeerkirsche 14, *14, 15*
Löwenmaul 61, *61*
Lungenkraut 104
Lupine 67, *67*, 111
Lupinus 111
– polyphyllus 67

Lychnis coronaria 67
Lysimachia nummularia 96

Mädesüß 69
Maiglöckchen 95, 111
Malus 46
Malva moschata 67
Männertreu 61
Mannsschild 89
Margerite 42, 43
Märzenbecher 43, 64
Maschendrahtzäune 13
Matthiola
– incana 61
– longipetala ssp. bicornis 95
Mauerdurchgänge 55
Mauern 12–13, 35
Mauerpfeffer 81
mehrjährige Kletterpflanzen 51–57
Mineraldünger 20
Miniteich 28–29, *29*, 96, 99
Mirabilis jalapa 95, *95*
Mittagsgold 61, *61*
Monarda-Hybriden 43
Moossteinbrech 81
Moschusmalve 67
Myosotis rehsteineri 89

Nachtkerze 43, 95
Nachtschatten 73
Nachtviole 95, 104
Nadelgehölze 27, **49**
Narzisse 64, *64*, 95
Naturgarten 9, **20–21**, 49, 68
Nelkenwurz 104
Nerium oleander 111, *111*
Neuseeländer Flachs 91
Nicotiana alata 61, 95

Obst 105–107
Oenothera 95
– tetragona 43
Oleander *28, 31*, 90, 91, 111, *111*
Omphalodes verna 104
Orangenbäumchen 90
Origanum vulgare 69, *69*
Osmunda regalis 69, *69*, 103

Parthenocissus 56, 57
– tricuspidata 53
Pavillon *70*, 72–73, *72*
Penstemon 89
– Hybriden 61
Pergola 25, *26*, **52–53**, 105, 106

Pfaffenhütchen 15, 111
Pfeifenwinde *52, 53*, 56, 57
Pfennigkraut 96
Pflanzenschutzmittel 20
Pflanzwanne, gemauerte *31*, 32
Pflanzgefäße 25, 90
Phaseolus 111
Phlox subulata 81, 89, *89*
Phormium tenax 91
Phyllitis scolopendrium 69, 103, *103*
Pinus
– contorta 15
– leucodermis 15
Plumbago auriculata 91, *91*
Polsterphlox 81, 89, *89*
Polygonatum-Hybriden 104
Polygonum aubertii 52
Polystichum aculeatum 103
Potentilla 89
– fruticosa 15
Prachtspiere 104
Primel 89, *101*, 104
Primula 89, 104
– veris 67, 69
Prunkwinde 62, *63*
Prunus 46
– avium 15
– cerasifera 47
– laurocerasus 14, *14*, 111
– spinosa 15
– subhirtella 15
Pulmonaria 104
Pulsatilla vulgaris 69, *69*
Pyracantha 48

Randbepflanzung 60
Rankbögen 53–54
Rankgerüste 53–54
Rankpflanzen 53
Ranunkelstrauch 46
Rasen 16, **38–39**, 42
Rasenschutzmatten 39
Raumteiler 17–19
rechtliche Vorschriften 12, 13
Reseda odorata *94*, 95
Reseden 95
Rhododendron 15, 46, *102*, **103**, 111
Rhus
– glabra 48
– typhina 48
Ribes sanguineum 46
Rippenfarn 69, 103
Rittersporn 42, 43, 86

Robinia pseudoacacia 95, 111
Robinie 95, 111
Rondell 60
Rosa 57
– multiflora 15
Rose 55, 94, *94*, 95
Roseneibisch 90
Rosenrabatte 64
Rosensorten 55
Rosmarin 86, 90
Rotbuche 14
Roter Fingerhut 104
Roter Hartriegel 15, *48*
Roter Lein 61
Rudbeckia 43
– fulgida var. sullivantii 67
– hirta 6

Salbei 43, 61
Salomonssiegel 104
Salvia 43, 61
– splendens 61, *61*
Salvie 61, *61*
Sambucus 48
– racemosa 15
Saponaria ocymoides 89
Saxifraga 89
– x arendsii 81
– Arendsii-Hybriden *89*
– trifurcata 81
Scharlachsumach 48
Schatten 25, 49, 76, **101–104**
Schattenbeete 101
Schattenpartien *92*, 101–104
Schattenstauden 102, **104**
Schaumblüte 67, 104
Schaumkraut 104
Scheinhasel 46
Scheinzypresse *13*, 14
Schildfarn 103
Schlangenhautkiefer 15
Schlehe 15
Schleierkraut 89
Schleifenblume 61, 89
Schlinger 53
Schlingknöterich **52–53**, *52*, 56, 57
Schlüsselblume 67, *67*, 69
Schmetterlingsstrauch 15, **46**, 95
Schmuckkörbchen 61
Schneeball 15, 46, *46*, 48, 111
Schneebeere 111
Schneeflockenstrauch 48

Schneeglöckchen 64
Schneestolz 64
Schnitthecken 13–14, *13*
Schönmalve 90
Schwarzäugige Susanne 62, *63*
Schwimmteich 100, *100*
Sedum 89
– acre 81
Seerosen 98–99, *99*
Seidelbast 48, 95, 111
Seifenkraut 89
selbstaussäende Stauden
 66–67
Sempervivum 89
– Hybriden *89*
Sichtschutz 12, 14
Sichtschutzelemente 17–19
Silberkerze 69
Silberwurz 89, *89*
Sitzplatz **74–77**, *74*, 90, 97
– befestigter 75, *75*
Skulpturen 82–83
Solanum rantonnettii 73
Solidago-Hybriden 43
Sommeraster 61
Sommerblumen 18, **60–62**,
 81, 97, 102
Sonnenbraut 43, *43*
Sonnenhut 43, 61, 67
Sonnenschirm 75
Sorbus 48
– aucuparia 15
Spaghettikürbis *114*, 115
Spielgelegenheiten
 112–113, *112–113*
Spielweg 81
Spierstrauch 15, *15*, **46**
Spindelstrauch 48, 57
Spiraea
– Bumalda-Hybriden 15, **46**
– nipponica 15
Spornblume 43
Spreizklimmer 53
Stachelbeeren 107, *107*
Stauden 60, **65–69**, 96, 101
– für schattige Standorte 104
– selbstaussäende 66–67
Staudenrabatte 64
Staudenwiese 42–43, *42*
Stechpalme 15, 47, 48, 111,
 111
Steinbeet 88–89
Steinbrech 81, 89, *89*
Steinfeder 103
Steingarten 66, 88–89, *88*
Steingartenpflanzen 80–81,
 89

Steinkraut 67, *67*, 87, **89**
Stiefmütterchen 60
Storchschnabel 66, 67, 86, 89
Strapazierrasen 39
Sträucher 46–49, 101
Strauchmargerite 90
Strauchmispel 15
Strauchrose 15
Strohblume 89
Studentenblume 61
Symphoricarpos 111
Syringa x chinensis 15

Tagetes 61
Taglilie 95
Taxus 49
– baccata 14, 111, *111*
– cuspidata 15
Teich 74, 78, 90, **96–100**,
 97, *98*, *100*, **110**
– Kindersicherung 110
Teichbau 98
Teichpflege 98
Teppichglockenblume 67
Terrasse **24–29**, *24*, *25*, *26*,
 27, 54, 75–76, 77, 88, 96
Terrassenbeete 25–27
Thuja 111
– occidentalis *13*, 14, 15
– plicata 15
Thunbergia alata 62, *63*
Thunbergs Fächerahorn 48

Thymian 69, 81
Thymus 69
Tiarella cordifolia 67, 104
Ton-in-Ton-Beet 60, 61
Torfwand 18, *19*
Tränendes Herz 43, *43*, 86,
 104
Traubenholunder 15
Trompetenblume 52, 53,
 57, *57*
Tropaeolum peregrinum
 62, *63*
Tuff 65
Tulpe 64, *64*
Türkenbundlilie 69

Veilchen 95
Verbascum 69
– bombyciferum 67
Vergißmeinnicht 89
vergreiste Bäume 54
Vexiernelke 67
Viburnum 48, 111
– x burkwoodii 15, 46
– opulus 15
– rhytidophyllum 15
Vielblütige Rose 15
Vielzweckrasen 38–39
Vinca minor 69, 104, *104*
Viola
– odorata 67, 69, 104
– Wittrockiana-Hybriden 60

Vogelkirsche 15
Vogeltränke 82, *82*
Vorschriften, rechtliche 12, 13

Wacholder 111
Waldgeißbart *68*, 69, 104
Waldmeister 104
Waldrebe 53, 56, 57, 95
Wäschetrockenplatz 32
Wasserbecken 28, 35, 96
Wassergarten 28–29, 32,
 96–100
Wasserpflanzen 98, 99
Wegbelag 80, 81
Wege 42, **80–81**
Wegeinfassung 60
Wegverlauf 80
Weigela-Hybriden 15
Weigelie 15
Weinrebe 17, *31*, **106**, *106*
Weißdorn 15, 48
Weißrandfunkie *104*
Wiese 40–43
Wildblumen 40–43
Wilder Wein 53, 56, *56*, 57
Wildrose 48
Wildstauden 68–69
Wildsträucherhecke 15
Wintergarten 25, **30–31**,
 30, *31*
Winterjasmin 57
Winterling 64, 111, *111*
Wisteria 52
– sinensis 57, 95
Wohnzimmer, grünes 23
Wolfsmilch 111
Wunderblume 95, *95*
Wurmfarn 103, *103*
Wurzelkletterer 53

Zaubernuß 48, 95
Zäune 12–13, 56
Zierapfel 46, 47
Zierkirsche 46, *46*
Zierkürbis 62, 114, *114*
Zierrasen 39
Ziertabak 61, *62*, 95
Zimmeraralie 91
Zimmerpflanzen im Freien
 28, *28*
Zitronenbäumchen 90
Zucchini 115
Zweijährige 60
Zweijahrsblumen 60, 114
Zwergcibe 15
Zwergmispel 48
Zwiebelblumen **64–65**, 95

Layout: Reckels, Schneider-Reckels & Weber, Wiesbaden
Redaktion: Joachim Mayer
Redaktion für diese Ausgabe: Ralf Labitzky
Fotos: FALKEN Archiv: Gabriel 64 l., 67 u. r.; hapo 18 l., 21 r.,
41 (kl.Bild), 43 o., 107 r.; Röhn 61 M., 89 M., 95 r.;
Tessmann & Endress 28 l.
Ing. G. Beckmann KG, Simoniusstr. 10, Wangen/Allgäu; 70/71
BURDA GmbH, „Mein schöner Garten", Offenburg; G. Fischer
29 l., 57 u. l., 91 o., 94 r., 101 l.; H.F. Gross 22/23, 39, 44/45,
49 l., 60 (beide), 114 o.; P. Jarosch 46 l., 79 l. o.; A. Kögel 5;
A. Matthes 58/59, 65 l.; J. Stork 2/3, 42 l., 105 r.;
GARDENA Kress – Kastner GmbH, Hans-Lorenser-Str. 40,
Ulm: 78r.
GARPA Holert Handelsgesellschaft mbH & Co.KG, Kiehnwiese 1,
Escheburg: 10/11, 75, 96
Bildagentur ipo, Linsengericht: 9, 12 r., 29 r., 30, 31 u., 43 u.,
52 u. l., 62, 69 M., 81 r., 82 l., 92/93, 95 l., 97, 98, 99 u. l.,
103 (beide), 104 M., 115 r.
Friedrich Jantzen, Arolsen: 43 M., 47r., 48 l., 61 l., 61 r.,
63 r. o., 63 r. M., 63 r. u., 66, 67 r. o., 67 r. M., 68 l., 69 o., 69 u.,
89 u., 94 l., 104 o., 104 u., 111 (4x)

OSMO Ostermann & Scheiwe GmbH & Co., Hafenweg 31,
Münster 18 r., 27 o., 110 u., 119
Wolfgang Redeleit, Bienenbüttel: 6/7, 20 r., 25, 27 u., 31 o.,
36/37, 38, 87 l.
Reinhard-Tierfoto, Heiligkreuznach: 4, 14 M., 14 u.,
15, 20 l., 33 (beide), 41 (gr. Bild), 42 l., 46 r., 53, 54, 55,
57 r. u., 57 r. M., 67 u. l., 68 r., 74 r., 79 l. u., 80, 88 (beide),
90 r.
Gerhard Röhn, Heusenstamm: 99 u. r.
Bildarchiv Sammer GBR, Neuenkirchen: 8, 24 (beide), 48 r.,
56, 65 r., 74 l., 78 l., 84/85, 89 o., 99 o. l., 101 r., 108/109,
110 o., 114 u. l., 114 u. r.
H.-J. Schwarz, Nieder-Olm: 12 l., 83, 106 l.
Max-F. Wetterwald, Offenburg: 1, 13 (beide), 14 o.,
21 l., 28 r., 47 l., 50/51, 52 o., 52 u. r., 57 r. o., 63 l.,
64 r., 81 l., 82 r., 87 r., 90 l., 91 u., 102, 105 l., 106 r.,
107 l., 115 l.
Zeichnungen: Ushie Dorner, Plouray/Frankreich

47510395X81726354453 62
108560300X03 02 01 00